Verbundenheit
Über eines der tiefsten menschlichen Bedürfnisse

Anton A. Bucher

Verbundenheit

Über eines der tiefsten menschlichen Bedürfnisse

Waxmann 2022
Münster • New York

Gedruckt mit großzügiger Unterstützung der
Stiftungs- und Förderungsgesellschaft der Universität Salzburg.

Bibliografische Informationen der Deutschen Nationalbibliothek
Die Deutsche Nationalbibliothek verzeichnet diese Publikation in der Deutschen Nationalbibliografie; detaillierte bibliografische Daten sind im Internet über http://dnb.dnb.de abrufbar.

Print-ISBN 978-3-8309-4492-8
E-Book-ISBN 978-3-8309-9492-3

Steinfurter Straße 555, 48159 Münster

www.waxmann.com
info@waxmann.com

Umschlaggestaltung: Anne Breitenbach, Münster
Titelbild: Ken Hao, Saiho-ji, Kyoto
Satz: MTS. Satz & Layout, Münster
Druck: CPI Books GmbH, Leck

Gedruckt auf alterungsbeständigem Papier,
säurefrei gemäß ISO 9706

Printed in Germany

Inhalt

Einleitung

Alix Shulman, eine amerikanische Poetin, schildert in ihrem spirituellen Roman „Drinking the rain" ein Erlebnis, das sie überwältigte, während sie in New York mit der U-Bahn zur Arbeit fuhr. Das dämmerige Licht sei zu einer leuchtenden Aura geworden:

> *„Und ich sah in den vielen Fahrgästen die wunderbare Verbundenheit aller Lebewesen. Ich fühlte es nicht – ich sah. Was als oberflächlicher Gedanke begann, wuchs zu einer Vision heran, … in der alle Menschen auf diesem Planeten gemeinsam der Sonne entgegen zogen, zu einer einzigen Familie vereinigt, unauflösbar verbunden durch das einzigartige Wunder des Lebens."*[1]

Während der Corona-Pandemie in den Jahren 2020/2021 war es in den meisten U-Bahnen auf dieser Welt anders. Fahrgäste, Mund- und Nasenschutz tragend, die misstrauisch zurückweichen, wenn ihnen andere Passagiere zu nahe kommen. Nur wenige Wortfetzen, wenn überhaupt. Nicht Verbundenheit, wie von Alix Shulman bis in alle Fasern ihrer Existenz erfahren, sondern Trennung, Angst.

Eines der tiefsten menschlichen Bedürfnisse ist, dazuzugehören, verbunden zu sein.[2] Wir alle kommen mit einer angeborenen Bindungsfähigkeit in diese Welt.[3] Neugeborene klammern sich mit ihrem Greifreflex an die Mutterbrust. Das ganze Leben lang suchen Menschen Verbundenheit, in der Spielgruppe, in den Armen der ersten Liebe, am Familientisch, in Vereinen, in der Stammkneipe, im Seniorenheim. Und bestätigen damit, wie Aristoteles den Menschen definierte – ein soziales Wesen –, und was in der Bibel steht: „Es ist nicht gut, dass der Mensch allein ist" (Gen 2,18).

Neben sozialer Verbundenheit gibt es auch Verbundenheit mit der Natur und dem Kosmos. Freilich, diese ist nicht bei allen Menschen gleich aus-

---

1 Shulman, A. (1995): Drinking the rain, New York: Farrar, Strauss & Giroux, 55.

2 Baumeister, R. & Leary, M. (1995): The need to belong: Desire for interpersonal attachments as a fundamental human motivation. In: Psychological Bulletin 3, 497–529.

3 Bowlby, J. (2006): Bindung, Basel & München: Ernst Reinhardt Verlag.

geprägt. Bei einigen kaum, wenn sie achtlos Blumen ausreißen und in der Natur ein Objekt sehen, das beliebig geplündert werden kann, jeden Tag ein Erdölfass von 50 Zentimeter Durchmesser, das aber 76'000 Kilometer hoch wäre, in jeder Sekunde 173'600 Liter.[4] Bei anderen ist diese Verbundenheit tief, so bei Franz von Assisi, für den die Sonne ein Bruder war, der Mond eine Schwester. Es ist ein tiefer Unterschied, ob sich Menschen mit der Natur verbunden fühlen, in ihr geborgen, dankbar einatmend, was sie ausatmet, aus ihr geworden und dazu bestimmt, dereinst in ihren Schoß zurückzukehren, oder ihr, die auch Orkane und Blitze erzeugt, preisgegeben.

Vor gut 250 Jahren prophezeiten Religionskritiker wie Condorcet, der Gottesglaube werde in dem Maße verschwinden, wie die Wissenschaft voranschreitet. Aber trotz Mondlandung und gigantischen Datenbanken verspüren nach wie vor viele Menschen eine tiefe Verbundenheit mit etwas Größerem, Transzendentem, aus dem sie Trost beziehen, wie ihn die Welt nicht geben kann.

Was bisher anskizziert wurde, ist Spiritualität in einem umfassenden Sinne. Noch vor wenigen Jahrzehnten ließ dieser Begriff an Nonnen denken, die in abgeschiedenen Klöstern den Rosenkranz beten. Aber seitdem hat er eine beispiellose Erweiterung erfahren, und zwar in die meisten Bereiche der Lebenswelt hinein. Es gibt die Spiritualität des Mountainbikens und einer veganen Lebensweise ebenso wie die der Meditation oder der Unternehmensführung. Auch ist das Ansehen von „Spiritualität" enorm gestiegen. Zusehends mehr Menschen verstehen sich als spirituell und weniger als religiös, in den USA um die 25 Prozent.[5] „Spiritual, but not religious" avancierte zu einem geflügelten Wort.[6] Weitgehend konsensfähig wurde, als Kern von Spiritualität Verbundenheit zu bestimmen,

---

4 Energie. Umwelt (2019): https://www.energie-umwelt.ch/wussten-sie-schon/1015-die-welt-verbraucht-jeden-tag-ein-76000-km-hohes-fass-erdoel (20.8.2021)

5 Lipka, M. & Gecewicz, C. (2017): More Americans now say they're spiritual but not religous. http://www.pewresearch.org/fact-tank/2017/09/06/more-americans-now-say-theyre-spiritual-but-not-religious/. (20.8.2021)

6 Bartunek, J. (2019): Spiritual but not religious: The search for meaning in a material world, Charlotte: Tan books.

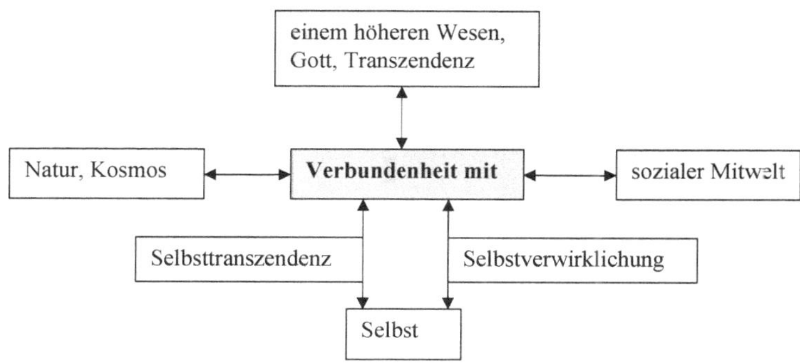

die ausdifferenziert werden kann in die Horizontale und Vertikale (siehe Abbildung).[7]

Verbundenheit zählt zum Kern des Weltbildes von Albert Einstein.[8] Im Kosmos sei alles miteinander verbunden und eine Einheit, der der Mensch in staunender Ehrfurcht begegnen solle.[9] Er befürchtete: Wenn wir Menschen uns als getrennt vom Übrigen erfahren, werden wir selbstzentriert, egoistisch und handeln wahrscheinlicher zerstörerisch gegen andere Menschen, Lebewesen und die Natur, und damit auch gegen uns selbst.[10] „Einstein, mit seinem Sinn für die Verbundenheit mit dem Universum, zählt zu den großen religiösen Mystikern."[11]

Verbundenheit kann nur eingehen, wer nicht zu sehr auf das Ego fixiert ist, ein Hypochonder auf seine Gesundheit, wenn ein leichter Husten die schleichende Pneumonie ist, ein Narzisst darauf, in Facebook so viele Likes wie möglich zu erhaschen. Aus diesem Grunde ist eine wichtige Komponente von Spiritualität „Selbsttranszendenz": Die Fähigkeit, vom Ego abzusehen und sich etwas Größerem als wir selbst anheim zu

7 Ausführlicher: Bucher, A. (2014): Psychologie der Spiritualität. Handbuch. 2., vollständig überarbeitete Auflage, Weinheim: Beltz.

8 Einstein, A. (1954): Ideas and opinions, New York: Bonanza Books, 38.

9 Dazu Bowman, G.E. (2014): Einstein and mysticism. In: Zygon 49, 281–307, bes. 295.

10 Einstein, A. (2005): Mein Weltbild. Herausgegeben von Carl Selig, Berlin: Ullstein, 48 f.

11 Bowman (Anm. 9), 283.

geben.[12] In dem Maße, in dem der Mensch sich Anderen und Anderem zuwendet, verwirklicht er sich selbst. Dies gelingt nur dem, der sich nicht zu sehr auf sein Ego fixiert und sich abtrennt. Auch das gehört zur Botschaft Einsteins: „Der wahre Wert eines Menschen ist in erster Linie dadurch bestimmt, in welchem Grad … er zur Befreiung vom Ich gelangt ist.“[13]

Das vorliegende Buch erschließt Verbundenheit zum einen aus anschaulichen Erlebnisberichten, zum anderen aus wissenschaftlichen Erkenntnissen, speziell der Psychologie. Auch gibt es konkrete Anregungen, wie Verbundenheit erweitert und vertieft werden kann.

Kapitel eins skizziert Verbundenheit in der Quantenphysik, die das mechanistische Weltbild, das auf der dualistischen Trennung von Subjekt und Objekten basiert, abgelöst hat und an Einsichten erinnert, die in fernöstlichen Traditionen schon vor Jahrtausenden gewonnen wurden.

Kapitel zwei widmet sich der Naturverbundenheit, die anschaulich geschildert wird, und die sich enorm günstig auswirkt: Auf das Wohlbefinden, den Blutdruck, die Kreativität, die ökologische Handlungsbereitschaft und vieles andere mehr.

Kapitel drei schildert soziale Verbundenheit und geht den Weg vom nahen Du in der intimen Umarmung über den Freundes- und Familienkreis bis hin zur Menschheitsfamilie. Akzentuiert wird der Gewinn, wenn Verbundenheit ausgedehnt wird, nicht nur für das Individuum, sondern auch die Gesellschaft.

Kapitel vier thematisiert Verbundenheit mit transzendenter Wirklichkeit, in unserer abrahamitischen Tradition Gott, bei Südseeinsulanern Kaild, aber in allen Kulturen und Zeiten existierend. Wie sind die Gotteskonzepte tief spiritueller Menschen beschaffen? Kosmisch und lichterfüllt! Und die Effekte solcher Verbundenheit sind segensreich.

Kapitel fünf fasst zusammen und bündelt pädagogische Empfehlungen, Verbundenheit zu stärken. Gerade in einer Zeit, in der ein winziges Virus

---

12 Frankl, V.E. ([26]2014): Der Mensch vor der Frage nach dem Sinn, München: Piper, 77 u.ö.

13 Einstein (Anm. 10), 10.

dermaßen trennte – Schüler*innen von ihren Freunden, Pensionist*innen von ihren Enkelkindern, Urlauber*innen von ihren Lieblingslandschaften – ist dies umso notwendiger.

Erstes Kapitel

1. Verbundenheit: Eine neue alte Weltsicht

Üblicherweise erleben wir uns so, dass wir der Welt gegenüberstehen. Hier ein seiner selbst bewusstes Ich mit Sinnesorganen, zehn Meter entfernt eine Mauer, tote Materie, unverrückbar und von uns getrennt, die „res extensa" im Sinne des Philosophen Descartes. Unser Leib, umhüllt von Haut, ein abgeschlossener Organismus. Aber in Wirklichkeit steht dieser stets in Wechselwirkung mit der Umgebung, ja letztlich mit allem. Sind unsere Handrücken warm, strahlen sie Moleküle ab. Haut atmet. Wäre sie undurchdringlich wie Plastik, könnten wir nicht leben. Wir atmen stetig ein, was im Chlorophyll der Blätter und Gräser entstand: Sauerstoffmoleküle, die in unseren Kapillaren und Muskeln verbrennen und Kohlendioxid werden, das ausgeatmet und von den Blättern aufgenommen wird, um neuerlich Sauerstoff zu werden. Eine große Buche atmet in einer Stunde 1,7 Kilogramm Sauerstoff aus, wovon 50 Menschen eine Stunde lang leben können.

Wir atmen ein, was andere schon vor langer Zeit aushauchten. Ulrich Warnke bringt ein faszinierendes Beispiel. An den Iden des März im Jahre 44 v. Chr. wurde Julius Cäsar auf den Treppen des Kapitols niedergestochen. Nachdem er zu Brutus „Auch du mein Sohn" gesagt hatte, hauchte er in seinem letzten Atemzug gut einen Liter Luft aus, der sich in der Atmosphäre verteilte. „Und so ergibt sich, dass wir mit jedem unserer Atemzüge 25 bis 50 dieser Elektronen einatmen, die Cäsar einst ausgeatmet hat."[14] Verbunden mit unserer Umgebung sind wir auch durch das, was wir trinken und essen: Moleküle, die in Bergbächen herabsprudelten, Eiweiß und Kohlenhydrate, die durch andere Lebewesen gingen. Alles ist miteinander verbunden, ein lebendiges Gewebe und Ganzes, ohne fixe Grenzen. Diese Sicht ist dem mechanistischen Weltbild diametral entgegengesetzt.

---

14 Warnke, U. (2011): Quantenphilosophie und Spiritualität. Der Schlüssel zu den Geheimnissen des menschlichen Seins, Berlin: Scorpio, 64.

1.1 Alles eine Uhr: Das mechanistische Weltbild

Die Anfänge dieses Weltbildes liegen in der frühen Neuzeit, nachdem unsere Vorfahren über Jahrtausende die Natur für belebt hielten, bevölkert von Göttern, Nixen, Elfen, Trollen. Die Erde: Eine Mutter, die jedes Frühjahr die bunte Flora gebiert und die vielfältige Fauna am Leben erhält. Aber wie wurde die Natur zum gefühllosen Objekt? Vorangetrieben wurde diese Entwicklung durch die Erfindung der Uhr, die in Klöstern gemacht wurde, um es den Mönchen zu erleichtern, sich pünktlich zum Gebet zu treffen. Nachdem Peter Henlein um 1511 den Federantrieb in eine tragbare Uhr eingebaut hatte, verbreiteten sich Taschenuhren rasch über den ganzen Kontinent und führten zu einer neuen Sicht auf den Kosmos: Ein gigantisches Uhrwerk, in dem alle Prozesse nach genau berechenbaren Gesetzmäßigkeiten ablaufen, und in dem alle Komponenten voneinander getrennt sind wie die Zahnräder in der Uhr. Johannes Kepler: „Mein Ziel ist es, zu zeigen, dass die himmlische Maschine nicht eine Art göttliches Lebewesen ist, sondern gleichsam ein Uhrwerk.“[15] Perfektioniert wurde das mechanistische Weltbild durch Isaac Newton (1642–1727), indem er die Erkenntnisse Galileis zur irdischen Mechanik, speziell Gravitation, mit Keplers Einsichten in die Himmelsmechanik vereinigte.

Das Paradigma der Maschine wurde in der Folge in andere Bereiche übertragen, von Julian Offray de La Mettrie (1709–1751) auf Menschen und Tiere. „Der menschliche Körper ist eine Maschine, welche selbst ihr Uhrwerk aufzieht“, er sei „eine Uhr“, in der alles maschinenmäßig abläuft.[16] Von den Tieren unterscheide sich der Mensch, in dem keine Seele wohne, nur durch ein paar Zahnräder. Doch Organismen und Maschinen unterscheiden sich tiefgreifend. Eine Fichte wächst aus einem unscheinbaren Samen heran. Eine Maschine hingegen wird aus vorgefertigten Teilen zusammengefügt. Wenn bei einem Tankboden ein Leck auftritt, rinnt alles aus. Wenn bei Lebewesen eine Wunde blutet, dichten sich Kapillaren ab, Wundplasma schwemmt Zelltrümmer weg, es entsteht

---

15 Gloy, K. (2005): Die Geschichte des wissenschaftlichen Denkens, Köln: Komet, 185.

16 La Mettrie, J.O. (2015): L‘Homme Machine/Der Mensch eine Maschine: Französisch/Deutsch, Stuttgart: Reclam, 54.

ein von winzigsten Gefäßen durchzogenes Granulationsgewebe, und es verheilt.

Ende des 19. Jahrhunderts waren führende Physiker überzeugt, in ihrer Wissenschaft sei nichts nennenswert Neues mehr zu entdecken. Doch zu Beginn des 20. Jahrhunderts erfolgte ein Paradigmenwechsel, der das mechanische Weltbild sprengte und es ermöglichte, alte spirituelle Einsichten in das Wesen der Natur, speziell aus fernöstlichen Traditionen, zu integrieren.[17] Was geschieht, wenn wir unsere Hand über ein glühendes Hufeisen halten? Unsere Sensoren registrieren Wellen, die umso kürzer werden, je mehr das Metall erhitzt wird. Gemäß der klassischen Physik strahlt ein solches Hufeisen Wärme kontinuierlich ab. Doch Max Plank erkannte, dass diese Abstoßung stoßweise geschieht, unregelmäßig, in Form von Paketen, die er als „Energie-Quanten" bezeichnete.[18]

1.2 Nicht getrennt, sondern verbunden: Quantenphysik

Quantenphysik wurde populär und hielt Einzug in andere Wissenschaften, so die Medizin: Der Quantumdoktor.[19] Aber haben wirklich alle Schreiber diese Physik verstanden, die sich mit ihr brüsten, und die Superstition begriffen, gemäß der ein Teilchen gleichzeitig in zwei verschiedene Richtungen fliegen kann? In der Newtonschen Welt ist dies nicht möglich: Ein Auto fährt immer in nur eine Richtung. Der Autor maßt sich nicht an, die Quantenphysik durchschaut zu haben. Aber immerhin so viel: Auf atomarer Ebene stehen nicht separierte Teilchen nebeneinander wie Autos auf einem Parkplatz. Dies war die klassisch atomistische Sicht der Vorsokratiker Leukipp und Demokrit. Vielmehr herrscht permanenter Austausch der Teilchen, selbst in einem so fix erscheinenden Gegenstand wie einem Eichentisch. Der Quantenphysiker Hans-Peter Dürr:

---

17 Pionierhaft: Capra, F. (2012): Das Tao der Physik: Die Konvergenz von westlicher Wissenschaft und östlicher Philosophie, München: Barth.

18 Bühler, B. & Hafer, S. (2016): Von Pythagoras zur Quantenphysik. Darmstadt: Wissenschaftliche Buchgesellschaft, 189.

19 Goswami, A. (2004): The quantum doctor. A physicist's guide to health and healing Newburyport: Hampton Roads.

„In Wahrheit ist der Tisch lebendig. Er hat eine Temperatur, er weist eine Hintergrundsbewegung auf. Es gibt in ihm Atome und Moleküle, die sich in einer ungeheuren Leichtigkeit in alle Richtungen bewegen.“[20]

Infolgedessen gäbe es „kein totales Getrenntsein, alles hängt mit allem zusammen“,[21] ist Eins, nicht nur hier auf Erden, „sondern im allumfassend Kosmischen“.[22]

Verbunden sind wir auch mit den Sternen. Der Astrophysiker Harald Lesch beklagt in seinem großartigen Buch „Was hat das Universum mit mir zu tun?“ die große Distanz zwischen Alltag und Natur im Leben vieler Menschen,[23] erzählt dann aber anschaulich die Geschichte des Kosmos, wie in den ersten Jahrmilliarden Wasserstoff und Helium vorherrschten, die gewaltige Sonnen bildeten, in deren Mitte, unter unvorstellbarem Druck, schwere Elemente entstanden: Silizium, Aluminium, Stickstoff und der für das Leben unverzichtbare Kohlenstoff:

„Das bedeutet, dass wir alle stellare Asche einatmen. Wir sind praktisch Sternenstaub … Die Atome des Menschen und die Atome des Universums kennen einander – tja, wenn das nicht verbindet!“[24]

Anschaulich beschrieb der Bestsellerautor Dan Brown diese Weltsicht im Thriller „Illuminati“. Im CERN wurde ein Mitarbeiter ermordet. Der Direktor erzählte von diesem:

„Er glaubte, dass seine Forschung das Potenzial besaß, Millionen Menschen zu einem besseren Leben zu führen. Erst letztes Jahr bewies er die Existenz einer energetischen Kraft, die uns alle vereint. Er demonstrierte auf beeindruckende Weise, dass wir alle physisch miteinander in Verbindung stehen, und dass die

---

20 Dürr, H.P. ([7]2018): Es gibt keine Materie! Revolutionäre Gedanken über Physik und Mystik, Amerang: Crotona Verlag, 35 f.

21 Dürr, H.P. (1997): Gott, der Mensch und die Wissenschaft, Augsburg: Pattloch, 32.

22 Dürr, H.P. ([6]2012): Geist, Kosmos und Physik. Gedanken über die Einheit des Lebens, Amerang: Crotona Verlag, 113.

23 Lesch, H. (2019): Was hat das Universum mit mir zu tun? Nachrichten vom Rande der erkennbaren Welt, München: Bertelsmann.

24 Lesch (Anm. 23), 103.

Moleküle in Ihrem Körper mit den Molekülen in meinen in Wechselwirkung stehen.“[25]

Dass der Kosmos nicht aus getrennten Partikeln besteht, sondern dynamische Verbundenheit ist, gehört zum Weltbild des Quantenphysikers Werner Heisenberg. Dafür prädestinierten ihn Erlebnisse in der Jugendbewegung, die hinaus aus „grauer Städte Mauern“ strebte. Mit Gleichgesinnten verbrachte er viel Zeit im Freien, am Lagerfeuer unter dem bestirnten Himmel, schwamm durch Flüsse, marschierte durch Sommerhitze und über knirschenden Schnee. In einer mondhellen Nacht erlebte er etwas tief Prägendes, als die ersten Akkorde der Chaconne von Bach erklangen: „Da war die Verbindung zur Mitte auf einmal unbezweifelbar hergestellt.“[26] Aber auch die Verbundenheit mit der Natur, seinen Weggefährten, einer höheren, spirituellen Welt. Als er in seinem Lerneifer Goethes Faust auswendig lernte, dürften sich ihm folgende Verse leicht eingeprägt haben:

„Wie alles sich zum Ganzen webt,
Eins in dem andern wirkt und lebt!
Wie Himmelskräfte auf und nieder steigen
Und sich die goldnen Eimer reichen!
Mit segenduftenden Schwingen
Vom Himmel durch die Erde dringen,
Harmonisch all das All durchklingen.“[27]

Gemäß der mechanistischen Physik sind Beobachter und das Beobachtete getrennt. Teilchen würden sich aufgrund ewiger Gesetzmäßigkeiten so verhalten, wie sie es tun, unabhängig, ob sie beobachtet werden oder nicht. Demgegenüber insistiert der indische Quantenphysiker Amit Goswami darauf: „Der subjektive Beobachter ist mit dem Objekt seiner Beobachtung unauflösbar verbunden.“[28] Und: Werden Teilchen beobachtet und gemessen, werden diese aus ihren vielen Möglichkeiten herausgeris-

---

25 Brown, D. ([45]2011): Illuminati. Thriller, Köln: Bastei 68 f.

26 Heisenberg, W. ([7]2008): Der Teil und das Ganze. Gespräche im Umkreis der Atomphysik. München: Piper, 20.

27 Goethe, J.W. (1977): Sämtliche Werke in 18 Bänden, Zürich: Artemis, Band V, 157 f. (Verse 447–453).

28 Goswami, A. (2007): Das bewusste Universum, Stuttgart: Lüchow, 71.

sen und auf einen Zustand fixiert, genau gleich, wie im Gedankenexperiment von Schrödinger die Katze erst dann tot oder lebendig ist, nachdem in den Kasten, in dem sie eingesperrt war, hineingeschaut worden war.[29] Der materialistische Dualismus sei durch einen „monistischen Idealismus" zu ersetzen, der mit einem nichtlokalen Bewusstsein und mit Geist rechnet.

Dass Beobachtetes und Beobachter miteinander verbunden sind, erkannten, zwischen 700 und 200 v.Chr., die Verfasser der Upanishaden. Auf die Frage, was „Fülle" sei, antwortete Guru Nârada: „Wenn einer nichts anderes sieht, nichts anderes hört, nichts anderes erkennt, das ist ‚Fülle'. Aber wenn einer etwas anderes sieht, etwas anderes hört, etwas anderes erkennt, das ist ‚Wenigkeit'."[30] Wird eine Landschaft betrachtet, sind die Hügelfluchten und die darüber scheinende Sonne nicht etwas anderes, vielmehr sei der Fall, was in den Svetasvatara Upanishaden so beschrieben wird: „Du bist das Feuer, du bist die Sonne, du bist die Luft, du bist das sternenklare Firmament."[31] Diese Welterfahrung ist jener von Dualisten diametral entgegengesetzt und mag westliche Psychiater an eine psychotische Ausdehnung des Ich denken lassen. Aber fernöstliche Religionen zielen genau diese „Non-Dualität", „A-dvaita" genannt, als höchstes Ziel der Mystik an.[32] Auch der Quantenphysiker Dürr bekennt sich zu A-dvaita: „Mein ‚Ich' ist nicht im Raum lokalisiert, verbirgt sich nicht unter meiner Haut …, sondern ist unendlich ausgebreitet".[33]

---

29 Das Gedankenexperiment besteht darin, dass sich eine Katze in einem geschlossenen Raum befindet, desgleichen ein instabiler Atomkern, der mit einer gewissen Wahrscheinlich strahlt und tödliches Gift freisetzt – oder auch nicht. Für Außenstehende sei die Katze zugleich tot *und* lebendig. Erst wenn jemand den Kasten öffnet und beobachtet, also misst, ist sie tot *oder* lebendig.

30 Upanishaden (1958): Altindische Weisheit aus Brahmana und Upanishaden, Köln: Diederichs Verlag, 120.

31 Joshi, M. (1998): Die Bedeutung von Wissenschaft und Spiritualität für den Weltfrieden. Ansprache des Ehrengastes im Rahmen der Eröffnungssitzung des „World Philosopher's meet '98", Genf, 18. August 1998.

32 Michaels, A. (2012): Der Hinduismus. Geschichte und Gegenwart, München: Beck 296 f.

33 Dürr (Anm. 22), 113.

Ein Konzept des Selbst, das solchen Erfahrungen gerecht wird, wurde in der jüngeren Ökopsychologie diskutiert: Das ökologische Selbst.[34] Der Inspirator ist der norwegische Philosoph Arne Naess, der ein Erlebnis aus seiner Studienzeit berichtet, das sein Nachdenken über die Welt tiefgreifend veränderte. Durch ein Mikroskop betrachtete er eine giftige Substanz, in die ein Floh hineinstürzte, der von einem vorbeihuschenden Lemming abgeschüttelt worden war und nicht mehr gerettet werden konnte:

> *„Ich spürte schmerzhaftes Mitleiden. Ich sah mich selber in diesem Floh. Wenn ich von diesem Geschöpf entfremdet gewesen wäre und in ihm nichts gesehen hätte, das mir gleicht, hätte mich sein Todeskampf kalt gelassen.“*[35]

In der abendländischen Tradition wurde das Selbst üblicherweise als Zentrum von Bewusstsein und Ich-Identität aufgefasst, das von der Natur ebenso getrennt sei wie von anderen Subjekten. Aber das Selbst könne auch als dasjenige gesehen werden, womit sich jemand identifiziert.[36] Und das kann auch die Natur, ja der ganze Kosmos sein. Identifikation schafft Gemeinsamkeit und geht weit über ein isoliertes Ich hinaus. Von daher ist es nicht unsinnig, wenn eine Teilnehmerin eines Workshops im australischen Busch schrieb: „Ich bin Erdboden, ich bin Wasser, ich bin Berg.“[37]

Verbundenheit kann nicht nur zwischen Mensch und Natur bestehen. Sie existiert auch in dieser selber. In der Sicht von Descartes ist ein Wald ein mit seinem Koordinatensystem genau ausmessbares Nebeneinander von Fichten, Buchen, Sträuchern, Pilzen. In seinem wunderbaren Buch „Das geheime Leben der Bäume“ beschreibt der Förster Peter Wohlleben (2019) eindrücklich, wie innig die Lebewesen in einem Wald miteinander verbunden sind. Gesunde Buchen päppeln kranke Artgenossen auf,

---

34 Bragg, E.A. (1996): Towards ecological self: Deep ecology meets constructionist self-theory. In: Journal of Environmental Psychology 16, 93–108.

35 Naess, A. (1988): Self-realization: an ecological approach to being in the world. In: J. Seed et al (Eds.): Thinking like a mountain: Towards a council of all beings, Philadelphia: New Society Publishers, 19–30, hier 22.

36 Strumse, E. (2007): The ecological self: A psychological perspective on anthropogenic environmental change. In: European Journal of Science and Theology 3, 7–12.

37 Bragg (Anm. 34), 93.

indem sie ihnen über ihre Wurzeln Zuckerlösungen zukommen lassen. „Die Gründe dafür sind dieselben wie bei menschlichen Gesellschaften: Gemeinsam geht es besser."[38] Auch Bäume sind soziale Wesen und kommunizieren miteinander über Pheromone. Akazien in Afrika, wenn von laubfressenden Giraffen bedroht, verströmen ein Gas, um ihre Brüder zu warnen. Wenn schon Bäume sozial sein können, wie sehr dann erst recht Menschen – wenn sie es wollen.

1.3 Verbundenheit zwischen unseren Gehirnen

Auch eine weitere harte Wissenschaft erkannte, wie wesentlich Verbundenheit für unser Leben ist: Die Neuropsychologie. Was geschieht im Gehirn, wenn wir ein Weinglas sehen und uns entschließen, nach diesem zu greifen? Dies wollte in den 1990er-Jahren ein Forscherteam um den italienischen Neurologen Giacomo Rizzolatti herausfinden.[39] Sie experimentierten mit Affen, deren Gehirne mit Elektroden vermessen wurden, und zeigten ihnen interessante Objekte, nach denen sie greifen sollten. Eines Tages streckte ein Forscher, der einem der Affen gegenübersaß, zufällig die Hand aus, worauf ein Piepsen erklang, das anzeigte, dass im Gehirn des Tieres Neuronen gefeuert hatten, die zuständig sind für Bewegung, obschon sich der Affe nicht gerührt hatte. Anfänglich negierten die Neurologen dieses Phänomen. Aber nachdem es regelmäßig auftrat, suchten sie nach einer Erklärung, die sich als genial herausstellte. Wenn eine Person das Verhalten eines anderen Wesens intensiv beobachtet, aktiviert dies im Gehirn des Zuschauenden die gleichen Hirnareale, die auch im beobachteten Modell feuern. Rizzolatti nannte diese Neuronen „Spiegelneuronen", eine der wunderbarsten Früchte der Evolution, ohne die unser Leben viel ärmer wäre.

Lynne McTaggart, in ihrem großartigen Buch „The Bond. Die Wissenschaft der Verbundenheit", zieht aus den Spiegelneuronen Konsequen-

---

38 Wohlleben, P. (2019): Das geheime Leben der Bäume. Was sie fühlen, wie sie kommunizieren – die Entdeckung einer verborgenen Welt, München: Heyne, 11.
39 Rizzolatti, G. & Craighero, L. (2005): Mirror neuron: A neurological approach to empathy. In: J.P. Changeux et al (Eds.): Neurobiology of human values, New York: Springer, 108–123.

zen, die die klassische Vorstellung von getrennt existierenden Subjekten erschüttern.

> *„Sobald man jemanden beobachtet, internalisiert man augenblicklich dessen Sichtweise. Das bedeutet, dass der bloße Akt der Beobachtung uns automatisch mit der anderen Person verbindet, und in dieser Verbundenheit verschmelzen wir, das Subjekt, mit unserem Objekt.“*[40]

Spiegelneuronen ermöglichen nicht nur blitzschnelle Verständigung – so wenn wir durch eine stark frequentierte Gasse marschieren und, nach einem kurzen Blick – in Sekundenbruchteilen wissen, ob eine entgegenkommende Person links oder rechts an uns vorbeigehen wird (anderenfalls käme es zu permanenten Kollisionen) –, sondern auch Mitgefühl und Empathie.[41] Als der Neuropsychologe Hutchison untersuchte, welche Neuronen im anterioren cingulären Cortex feuern, wenn jemandem mit einer Nadel in die Fingerkuppe gestochen wird, machte er eine bemerkenswerte Entdeckung.[42] Die Schmerzneuronen wurden auch dann aktiv, wenn Personen ‚nur' beobachteten, wie bei jemandem anders die Nadel in die Haut gestoßen wurde. Sie litten automatisch mit. Spiegelneuronen bewirken, dass andere Menschen unwillkürlich „ein Teil von uns werden".[43]Auch ermöglichen sie effizientes Lernen, weil die Gehirnaktivitäten eines lernenden Kindes und seiner lehrenden Mutter regelrecht verschmelzen. McTaggart zog die weitreichende Konsequenz, unser Selbstbild als ein Subjekt, das von anderen Subjekten getrennt ist, sei falsch. Vielmehr sei „alles – von subatomaren Teilchen über Einzeller bis zu den entferntesten Sternen der Galaxie – untrennbar miteinander verbunden."[44]

---

40 McTaggart, L. (2017): The bond. Die Wissenschaft der Verbundenheit, München: Goldmann, 124.

41 Gallese, V. (2001): The ‚shared manifold' hypothesis. In: Journal of Consciousness Studies 8, 33–50.

42 Hutchison, W.D. et al (1999): Pain-related neurons in the human cingulate cortex. In: Nature Neuroscience 2, 403–405.

43 Keysers, C. (2013): Unser empathisches Gehirn. Warum wir verstehen, was andere fühlen, Gütersloh: Bertelsmann, 14.

44 McTaggart (Anm. 40), 135.

Eine solche Erfahrung machte auch der Philosoph und Mystiker David Spangler, ein Vordenker der New-Age-Bewegung, von deren Kommerzialisierung er sich distanzierte:

> *„Als ob ein Vorhang weggezogen worden wäre, hatte ich den visuellen Eindruck des Universums, ein gewaltiges Rad von Sternen und Galaxien, durchdrungen vom goldenen Leuchten von Billionen Sonnen, schwimmend in einem Meer aus Geist. In diesem Augenblick waren wir alle eins. Es war, als wäre ich eins mit allem, was existiert, jedem Atom, jedem Stein, jeder Welt, jedem Stern, und ich sah die Schöpfung nicht aus Distanz, sondern von innen, als ob sie ganz mein Körper und Wesen wäre.“*[45]

Diese Erfahrung veränderte sein Leben.

45 Zit. aus: Marshall, P. (2019): The shape of the soul. What mystical experience tells us about yourselfes and reality, Lanham: Rowman & Littlefield, 15.

Zweites Kapitel

2. Verbundenheit mit der Natur

2.1 Wir sind eine Indoor-Generation

Geschätzte 350‘000 Generationen unserer Vorfahren lebten draußen, nass vom Regen, schwitzend in der Sonnenglut. Die tiefgreifendste Veränderung in ihrer Lebensweise war, als sie zu pflügen und säen begannen, Schafe und Rinder domestizierten, sich sesshaft machten. Um 8000 v. Chr. entstand die erste Stadt, Jericho, wo hinter einer Mauer auf der Größe von zwei Fußballfeldern um die 500 Menschen in steinernen Häusern lebten.[46]

Seitdem wurde die Separation des Menschen von der Natur kontinuierlich tiefer. Aktuell lebt die Hälfte der Menschheit in Städten. Amerikaner wenden pro Tag nur wenige Minuten auf, um sich an der frischen Luft bewusst zu erholen, sofern solche überhaupt eingeatmet werden kann.[47] Gemäß einer Zeittagebuchstudie sind Amerikaner an einem durchschnittlichen Tag 90 Minuten draußen, Männer, bedingt durch Arbeit im Freien, länger (146 Minuten), Frauen 49 Minuten, zumeist dafür, um von einem Gebäude zum anderen oder zum Auto zu eilen.[48]

Auch in Mitteleuropa verbringen die Menschen die meiste Zeit drinnen, zwischen 21 und 22 Stunden,[49] Jüngere noch häufiger als Pensionist*innen. So viel Zeit hinter Beton, Holz und Glas zu verbringen, bei behaglichen 21 Grad, ist auf den ersten Blick annehmlich: weniger Schweißperlen, keine frierend aufgestellten Körperhaare. Aber es hat auch seinen Preis. Die Luft in Innenräumen ist für gewöhnlich schlechter als die draußen, auch

---

46 Kaube, J. (2017): Die Anfänge von allem., Berlin: Rowohlt, 186.
47 Robinson, J. & Godbey, G. (2008): Time for life: Surprising ways Americans use their time, University Park: Pennsylvania State University Press.
48 Robinson, J. & Silvers, A. (2000): Measuring potential exposure to environmental pollutant: Time spent with soil and time spent outdoors. In: Journal of Exposure Analysis and Environmental Epidemiology 10, 341–354.
49 A.A.: https://www.velux.de/indoorgeneration (20.11.2019).

wenn dort Auspuffe brummen. Eine vierköpfige Familie atmet an einem Tag 1'800 Liter CO^2 aus. Vor allem aber schwächt sich die Naturverbundenheit, mit erheblichen gesundheitlichen Nachteilen.

Zumal Kindern wird der Weg in die freie Natur zusehends erschwert.[50] Zwei Drittel der japanischen Kinder haben noch nie einen Berg bestiegen, 50 Prozent noch keinen Baum erklettert – 20 Jahre früher waren es noch deutlich weniger.[51] Nicht überraschend, dass Kinder immer weniger über die Natur wissen. 1235 deutsche Schüler*innen, zwischen 12 und 15 Jahre alt, wurden gefragt: „Welches sind drei essbare Früchte, die bei uns im Wald oder am Waldrand wachsen?" Nur zwölf Prozent wussten richtige Antworten und sagten nicht „Äpfel" oder „Bananen", sondern beispielsweise „Heidelbeeren". Kinder kennen sich besser aus in der Welt der Pokémonfiguren als in der Natur. Der britische Psychologe Balmford[52] zeigte 100 Kindern je zehn Pokémonfiguren und Fotos aus der heimischen Fauna und Flora, u. a. einen Dachs, Walderdbeeren. Achtjährige identifizierten 78 Prozent der Pokémonfiguren richtig, aber nur 53 Prozent der Motive aus der Natur. Maika und Ash Ketchum sind bekannter als Iltisse oder Lindenbäume. Dieser Trend widerspiegelt sich im Oxford Jugendwörterbuch. In der Ausgabe von 2015 wurde „blackberry" (Brombeere) durch „Black-Berry", eine Smartphone-Marke, ersetzt.[53]

Die zunehmende Verhäuslichung bewirkt, dass viele Menschen keine oder nur geringe Naturverbundenheit aufbauen. Nur 21 Prozent von 1'200 britischen Kindern fühlen sich mit der Natur „sehr verbunden".[54] Der amerikanische Ökologe Heertsgard bilanzierte:

---

50 Louv, R. (2008): The last child in the woods: Saving our children from nature-deficit disorder, Chapel Hill NC: Algonquin Books.

51 Soga, M. & Gaston, K.J. (2016): Extinction of experience: the loss of human-nature interactions. In: Frontiers in Ecology and the Environment 14, 94–101.

52 Balmford, A. (2002): Why conservationists should heed Pokémon. In: Science 29, 2367.

53 Kesebir, S. & Kesebir, P. (2017): A growing disconnection from nature is evident in cultural products. In: Perspectives on Psychological Science 12, 258–269.

54 Zhang, J.W. et al (2014): Engagement with natural beauty moderates the positive relation between connectedness with nature and psychological well-being. In: Journal of Environmental Psychology 38 (2014), 55–63.

„Viele Amerikaner und Europäer, zumal wenn sie in Städten leben, sind so weit entfernt von der natürlichen Umgebung aufgewachsen, dass sie zur Meinung gelangten, sie könnten auch ohne diese leben.“[55]

Was aber ist Natur? Im lateinischen „nasci“ wurzelnd, was „geboren werden“ und „entstehen“ bedeutet, wird in ihr spätestens seit Jean-Jacques Rosseau (1712–1778) das Gegenstück zur Zivilisation gesehen: Unberührte Landschaften mit verwilderten Gebüschen und Teichen, und nicht Asphalt und Fabrikhallen. So sehen es auch viele Zeitgenoss*innen. Vinnig, Merick & Price[56] befragten 2‘003 Personen zu ihren Theorien über die Natur. Drei Viertel verstehen sich als ein Teil von ihr: „Wir alle sind ein Glied in der Kette des Lebens.“ Aber jeder achte fühlt sich von ihr getrennt: „Weil ich in vollklimatisierten Räumen lebe und einen klimatisierten Wagen über menschengemachte Straßen lenke.“ Natur assoziiert am häufigsten daran, von Menschen unberührt zu sein, sauber, friedlich, schön. Demgegenüber lässt „unnatürlich“ an von Menschen Geschaffenes denken: Industrie, Parkplätze, Abfall. Jeder dritte, der sich selber als Teil der Natur sieht, definierte diese – nicht ganz widerspruchsfrei – so, vom Menschen noch verschont zu sein.

Was aber ist Naturverbundenheit? Angemessener als eine abstrakte Definition sind Schilderungen entsprechender Erlebnisse.

2.2 Schilderungen von Naturverbundenheit

Ein Naturmystiker erzählt, wie er in der Nacht auf einen Hügel wanderte und rastete:

„Ich lag auf dem Rücken unter den Sternen und den unsichtbaren Galaxien und ließ ihre Größe in mich gehen. Ich spürte die Unermesslichkeit der Distanzen, und ich war mit allem eins, und das berührte mich zärtlich wie ein gregorianischer Choral.“[57]

---

55 Hertsgaars, M. (1999): Earth odyssey: Around the world in search of our environmental future: New York: Broadway Books, 25.

56 Vining, J., Merrick, M.S. & Price, E.A. (2008): The distinction between humans and nature: Human perceptions of connectedness to nature and elements of the natural and unnatural. In: Research in Human Ecology 15, 1–11.

57 Clark, T.W. (2002): Spirituality without faith. In: The Humanist 62, 30–35.

Ganz anders erlebte der französische Philosoph und Mathematiker Blaise Pascal (1623–1662) das Schauen in die galaktischen Tiefen. „Das ewige Schweigen dieser unendlichen Räume erschreckt mich."[58] Er fühlte sich winzig klein und diesen gewaltigen Räumen *gegenüber*, der Naturmystiker hingegen in seiner Seele weit und mit ihnen eins. Pascal sprach von „ewigem Schweigen", der Mystiker hörte zärtliche Musik. Warum diese existenzielle Ungeborgenheit bei einem genialen Mathematiker? Möglicherweise, weil seine Mutter starb, als er drei Jahre alt war.

Naturverbundenheit kann leichter eingehen, wer sich nicht zu sehr auf das Ego fixiert, sondern von diesem absehen kann. Malwida von Meysenburg (1816–1903), Philosophin und liberale Frauenrechtlerin, schilderte einprägsam, wie sie die römische Landschaft erlebte und dabei ihr Selbst verlor:

> *„Ich fühlte mich eins mit den Gräsern, den Bäumen, Vögeln, Insekten, mit allem in der Natur. Ich geriet in Erhebung durch das reine Faktum der Existenz, ein Teil von allem zu sein. Ich kenne so gut die Seligkeit, angesichts einer viel größeren Macht und Liebe das Selbst zu verlieren."*[59]

Auch Kinder können erfahren, mit allem Eins zu werden. Eine ältere Frau erlebte als vierjähriges Mädchen Folgendes:

> *„Ich befand mich allein am Strand … Plötzlich war ein Strom von Energie da: Die Sonne, der Wind, die See gingen durch mich hindurch … Ein Tor öffnete sich, und ich wurde zur Sonne, zum Wind, zur See. Da war kein Ich mehr … alles verschmolz in einem leuchtenden Licht … Meine Eltern fanden mich wie versteinert, glaubten, ich hätte einen Hitzschlag erlitten und brachten mich ins Bett, in die Dunkelheit für mehrere Tage"*[60]

Der Verbundenheit mit der Natur förderlich ist, diese nicht als totes Gegenüber zu sehen, die res extensa nach Descartes, sondern als durch und durch von Leben erfüllt. Eine Frau erinnert sich an eine Erfahrung aus ihrer Kindheit, die sie tief prägte:

---

58 Pascal, B. (2011): Gedanken, hg. von W. Rüttenauer, Köln: Anaconda, 162.
59 James, W. (1979): Die Vielfalt religiöser Erfahrung. Eine Studie über die menschliche Natur, Olten: Walter Verlag, 369.
60 Hoffmann, A. (1992): Visions of innocence. Spiritual and inspirational experiences of childhood, Boston & London: Shambala, 38 f.

„Wie ich in den strahlend blauen Himmel schaute, sah ich die Sonne im Fensterglas gespiegelt. Plötzlich und mit überwältigender Freude fühlte ich die ferne Sonne als ein gewaltiges, pulsierendes und atmendes Herz im Himmel. Ich fühlte mich völlig eins mit ihr.“[61]

Naturwissenschaftlich betrachtet besteht die Sonne aus unvorstellbar vielen Wasserstoff- und Heliumatomen sowie – mengenmäßig viel geringer – aus chemischen Elementen wie Metalle und Kohlenstoff. In der Fusionszone verschmilzt Wasserstoff zu Helium, was eine alles versengende Hitze von 15 Millionen Grad erzeugt und in einer Sekunde so viel Energie freisetzt wie alle Atomkraftwerke, die auf der Erde im Jahre 2011 in Betrieb waren, und dies über einen Zeitraum von 750‘000 Jahren, länger als es anatomisch moderne Menschen gibt. Für das Mädchen war dieses glühende Gestirn, in dem ein Mensch zu Nichts pulverisiert würde, ein Herz, Inbegriff von Leben und Liebe. Auf so vielen Kinderzeichnungen wurde die Sonne schon dermaßen liebenswürdig gezeichnet, mit lächelndem Mund und großen freundlichen Augen.

Naturverbundenheit motiviert, sich für die Schöpfung einzusetzen, was den Menschen die Landschaften, Pflanzen und Tiere noch näherbringen kann. Ein Umweltaktivist, der sich an Bäume ketten ließ, die für eine Skipiste gefällt werden sollten, beteuert:

„Die Bewegung in meinem Körper war nicht Blut, es war Energie, die nicht von mir kam, sondern durch mich hindurch floß und von der Erde kam. Ich spürte, mit der Erde vollständig verbunden zu sein, ich war wie einer der Bäume, der am Berghang steht.“[62]

Erfahrungen wie diese können nicht nur das Weltbild tiefgreifend verändern, sondern auch die Persönlichkeit. Paul Hawker, ein gestresster, aber erfolgreicher Manager, geriet in der Lebensmitte in eine schwere Sinnkrise. Genesung erhoffte er davon, sich in die Wildnis zurückzuziehen. Eines Tages marschierte er auf einen Berg:

---

61 Hoffmann (Anm. 60), 30.

62 McDonald, B. (2003): We are totally connected: Creating spirituality through environmental commitment. In: The Cyril O. Houle Scholars in adult and continuing education program. Global research perspectives III, compiled by R.M. Cervero et al, Athens, Georgia: University of Georgia, 142.

„Wie ich den Gipfel erreicht hatte, setzte ich mich und schaute in das abschüssige Tal. Plötzlich änderte sich mein Bewusstsein. Ich fühlte mich plötzlich in das Universum eingebettet und mit der Quelle von allem tief verbunden."[63]

Beim Abstieg nahm er die Farben nuancierter wahr, die Blumen leuchtender, den Himmel klarer. Bis in die feinsten Nervenfasern durchströmte ihn Glück. Er änderte sein Leben, widmete sich mehr seiner Familie, lebte gelassener, reduzierte materialistische Ambitionen, verbrachte mehr Zeit draußen und weniger vor dem Bildschirm mit Börsendaten.

In den letzten Jahren begannen sich auch Psycholog*innen für Naturverbundenheit zu interessieren, weil diese sich heilsam auf die Gesundheit auswirkt. Um zu verallgemeinerbaren Erkenntnissen zu gelangen, muss Naturverbundenheit gemessen werden, was über subjektive Selbsteinschätzung geschieht. Einem Menschen ist von außen kaum anzusehen, ob er sich mit der Natur liebevoll verbunden fühlt oder sie ihm völlig egal ist.

2.3 Messinstrumente für Naturverbundenheit

Die Psychologen Mayer und Frantz[64] waren inspiriert von einem Vorläufer der ökologischen Bewegung: Aldo Leopold (1886–1949), der schon vor mehr als 70 Jahren schrieb: „Wir missbrauchen das Land, weil wir es als eine Ware betrachten, die uns gehört. Wenn wir das Land als eine Gemeinschaft betrachten, der wir angehören, beginnen wir es mit Liebe und Respekt zu nutzen."[65] Sie formulierten 14 Aussagen (Items), die von „stimme überhaupt nicht zu" (1) bis „stimme sehr zu" (5) beurteilt werden können. Unter anderen:

1. „Ich spüre oft ein Gefühl des Einsseins mit der Natur, die mich umgibt.
2. Ich spüre oft eine Verwandtschaft mit Tieren und Pflanzen.

---

63 Hawker, P. (2000): Secret affairs of the soul. Ordinary people's extraordinary experiences of the sacred, Kelowna: Northstone Publishing, 25.

64 Mayer, S. & Frantz, C. (2004): The connectedness to nature scale: A measure of individuals' feeling in community with nature. In: Journal of Environmental Psychology 24, 503–515.

65 Leopold, A. (1948): A sand county almanac, New York: Oxford University Press, VIII.

3. Ich spüre, dass alle Bewohner der Erde, menschliche und nicht menschliche, eine gemeinsame Lebenskraft teilen.
4. Ich fühle mich, als ob ich in gleicher Weise zur Erde gehöre, wie sie auch mir gehört."

135 Personen füllten diesen Fragebogen aus. Wer sich mit der Natur stärker verbunden fühlte, war eher bereit, auf unnötige Autofahrten zu verzichten, konnte sich besser in andere hineinversetzen, fühlte sich glücklicher. Mayer & Frantz erklärten letzteres mit der Biophilia-These des Soziobiologen Edwald Wilson,[66] gemäß der dem Menschen ein tiefes Bedürfnis innewohnt, von blühendem Leben umgeben zu sein, von fröhlichen Menschen an einem sonnigen Strand, und nicht von rauchenden Ruinen und verwesenden Leichen. Als Lebender unter Lebenden sein und dazugehören, beglückt enorm.

Eine Skala zu Naturverbundenheit entwickelten auch die Ökopsychologen Nisbet, Zelenski und Murphy.[67] Sie erfragten zum einen die verinnerlichte Identifikation mit der Natur („Meine Beziehung zur Natur ist ein wichtiger Teil dessen, was ich bin"), zum anderen, wie Menschen mit ihr umgehen sollten („Die Menschen haben kein Recht, die Ressourcen der Natur so zu nutzen, wie sie gerade wollen"), und schließlich, wie intensiv sie erlebt wird („Mein idealer Ferienort ist die abgelegene Wildnis"). Wer auf dieser Skala höhere Werte erzielte, war gewissenhafter, offener für neue Erfahrungen und eher bereit, ökologisch verantwortungsbewusst zu leben.

Nisbet und Zelenski[68] entwickelten eine Kurzform mit sechs Items, die Sie in kürzester Zeit bearbeiten können: 1: lehne stark ab, 2: lehne eher ab, 3: weder noch, 4: stimme eher zu, 5: stimme voll und ganz zu (siehe folgende Tabelle).

---

66 Wilson, E.O. (1990): Biophilia, Harvard: Harvard University Press.
67 Nisbet, E., Zelenski, J. & Murphy, S. (2009): The Nature Relatedness Scale. Linking individuals' connection with nature to environmental concern and behavior. In: Environment and Behavior 41, 715–740.
68 Nisbet, E. & Zelenski, J. (2013): The NR-6: A new brief measure of nature relatedness. In: Frontiers in Psychology 4, 813, 1–11.

Mein idealer Ferienort ist die abgelegene Wildnis	1	2	3	4	5
Ich denke stets daran, wie sich mein Handeln auf die Natur auswirkt	1	2	3	4	5
Meine Verbindung zur Natur ist Teil meiner Spiritualität	1	2	3	4	5
Ich nehme auf Wildtiere Rücksicht, wo immer ich bin	1	2	3	4	5
Meine Beziehung zur Natur ist ein wichtiger Teil dessen, was ich bin	1	2	3	4	5
Ich spüre mich mit allen lebenden Dingen und der Erde sehr verbunden	1	2	3	4	5

Nach dem Ausfüllen können die Werte addiert werden. Wer mehr als 20 Punkte erreicht, gilt als stark naturverbunden. Gemessen haben Nisbet und Zelenski zahlreiche psychologische Variablen: Je tiefer die Naturverbundenheit, desto häufiger positive Affekte wie Freude, desto mehr Vitalität und persönliches Wachstum.

Eine Grafik für die Messung von Naturverbundenheit schlug Schultz vor: Sieben Varianten der Nähe von Selbst und Natur in der Form von je zwei Kreisen.[69] Das eine Extrem ist links unten zu sehen: Die völlige Trennung, ganz im Sinne von Descartes, für den der Geist der unbelebten res extensa gegenübersteht. Das andere Extrem ist, rechts unten, die Deckungsgleichheit von Natur und Selbst, wie sie in naturmystischen Erfahrungen eintritt. Dazwischen liegen fünf Varianten, in denen, von links nach rechts, die Überschneidungen immer stärker werden.

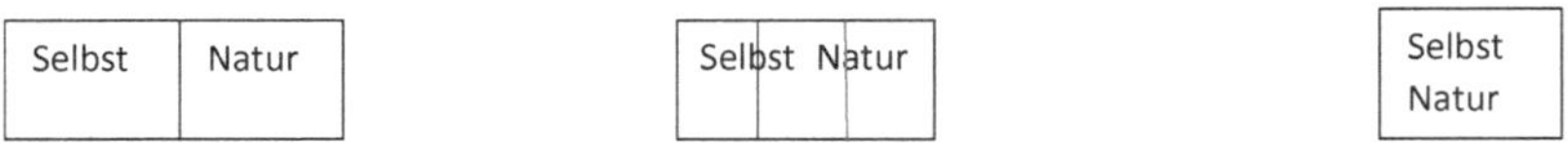

Selbst | Natur   Selbst Natur   Selbst Natur

Je näher die von Schultz befragten Personen Selbst und Natur zusammenrückten, desto geringer war ihr Egoismus, desto wahrscheinlicher eine kosmische Sichtweise.

„Naturverbundenheit“ ist ein abstraktes Wort. Die Ökopsycholog*innen Brügger, Kaiser und Roczen schlagen vor, diese konkreter zu messen, in-

69 Schultz, P.W. (2002): Inclusion with nature: The psychology of human-nature relations. In: P. Schmuck & P. Schultz (Eds.): Psychology of sustainable development, Boston: Kluwer Academic Publishers, 61–78.

dem die Häufigkeit von Verhaltensweisen erfragt wird, die darauf schließen lassen, dass Personen naturverbunden sind.[70] Zu beurteilen waren, zwischen „nie“ (1) und „immer“ (5), 30 Tätigkeiten wie: „Ich spreche zu Pflanzen“. Das praktizieren, im Schweizer Emmental, Bäuerinnen mit ihren Geranien, die prächtiger blühen als bei den Nachbarinnen, die das nicht tun. Oder: „Ich helfe Schnecken, die Straße zu überqueren“, was Franz von Assisi zu tun pflegte, wenn sich ein Gefährt mit breiten Rädern näherte. Auch erfragten sie, wie zehn Objekte der Natur gewertet werden: „Zimmerpflanzen sind ein Teil der Familie“. Wer auf dieser Skala höhere Werte aufwies, engagierte sich stärker für Naturschutz.

Eine kurze Skala für Kinder konstruierte der Psychologe Richardson.[71] Zu beurteilen sind, zwischen „überhaupt nicht einverstanden“ (1) und „völlig einverstanden“ (7), sechs Aussagen, unter anderen: „Draußen in der Natur zu sein, macht mich sehr glücklich“, „Ich fühle mich als Teil der Natur“. Kinder zwischen sieben und zehn Jahren fühlen sich mit der Natur enger verbunden als die Pubertierenden, die mehr mit sich selbst beschäftigt sind, aber gleichwohl zu Abertausenden dazu zu motivieren waren, Greta Thunberg zu folgen und „Wir sind hier, wir sind laut, weil ihr uns die Zukunft klaut“, zu rufen.

Naturverbundenheit geht damit einher, sich in Tiere und Pflanzen einfühlen zu können. Gemäß dem mechanistischen Weltbild ist das abwegig. Für Descartes haben Tiere weder Geist noch Seele, ihre Schreie seien „das Quietschen eines Uhrwerks“.[72] Damit wurde Vivisektion gerechtfertigt: Hunden bei lebendigem Leibe den Bauch aufschlitzen, die Augen von Kaninchen mit ätzenden Substanzen einstreichen. Dem gegenüber plädiert der Pädagoge David Sobel[73] leidenschaftlich dafür, mit der Natur mitzufühlen, was die meisten jüngeren Kinder spontan tun, wenn sie ein

---

70 Brügger, A., Kaiser, F.G. & Roczen, N. (2011): One for all? Connectedness to nature, inclusion of nature, environmental identity, and implicit association with nature. In: European Psychologist 16, 324–333.

71 Richardson, M. et al (2019): A measure of nature connectedness for children and adults: Validation, performance, and insights. In: Sustainability 1, 1–16.

72 Descartes, R. (2011): Discours de la méthode, französisch – deutsch, Hamburg: Felix Meiner, 99.

73 Sobel, D. (1996): Beyond ecophobia. Reclaiming the hearth in nature education, Great Barrington: The Orion Society.

miauendes Kätzchen trösten wollen oder glauben, einer Pflanze tue es weh, wenn ihr Blätter abgerissen werden. Zu Empathie mit der Natur entwickelte Tam eine Skala mit Items wie: „Ich kann mich leicht in leidende Tiere und Pflanzen hineinversetzen“.[74] Frauen sind dazu fähiger als Männer.

Auch die Ökopsychologin Perkins ist überzeugt, Naturverbundenheit sei mehr als eine Sache des Kopfes, sondern von starken Emotionen durchdrungen.[75] Es genüge nicht, sich mit der Natur verbunden zu *wissen*, erforderlich sei vielmehr, sie zu *lieben*. Ihr Messinstrument besteht aus 15 Items wie „Ich spüre eine tiefe Liebe zur Natur“. Tourist*innen, die den Fragebogen an der Goldküste Australiens ausfüllten, wo türkisfarbene, schäumende Wellen heranrauschen, fühlten sich glücklicher und für die Natur verantwortlicher, wenn sie auf dieser Skala höhere Werte aufwiesen.

Alles in allem: Ökopsycholog*innen haben verlässliche Messinstrumente für Naturverbundenheit entwickelt, die hierzulande häufiger eingesetzt werden sollten. Wodurch aber wird das Gefühl begünstigt, mit der Natur verbunden, ja mit ihr eins zu sein?

2.4 Wodurch wird Naturverbundenheit begünstigt?

Es gibt Kulturen und Religionen, die den Menschen über die Natur stellen, als dessen Krone, aber auch solche, die ihn als in sie eingebettet sehen (2.4.1). Verbundenheit mit der Natur entsteht leichter, wenn sich diese freundlich präsentiert, nicht als klirrende Eiswüste, sondern als fruchtbare Savanne (2.4.2), und wenn sie als mit menschlichen Zügen ausgestattet wahrgenommen wird (2.4.3). Nachgewiesen sind auch Persönlichkeitseigenschaften, die Naturverbundenheit begünstigen, speziell Offenheit für neue Erfahrungen, ein liebenswürdiges Wesen, Demut (2.4.4). Es gibt natürliche Substanzen, die Naturverbundenheit vertiefen, so Psilocybin,

---

74 Tam, K.P. (2013): Dispositional empathy with nature. In: Journal of Environmental Psychology 35, 92–104.

75 Perkins, H. (2010): Measuring love and care for nature. In: Journal of Environmental Psychology 30, 455–463.

das, schon vor Jahrtausenden, von Schamanen konsumiert wurde (2.4.5). Der stärkste Faktor ist jedoch: In der Natur aktiv sein (2.4.6).

2.4.1 Kulturell-religiöse Faktoren

Einer der folgenschwersten Verse der Bibel ist Gen 1,28: „Gott sprach (zu Adam und Eva): Seid fruchtbar und mehrt euch, füllt die Erde und unterwerft sie.“ Darin wurde die sakrosankte Rechtfertigung gesehen, Wälder zu roden, Tiere einzupferchen, Silberminen zu plündern, unzählige zappelnde Fische aus den Meeren zu ziehen, bis diese leer sind. Der österreichische Schlagerstar Udo Jürgens brachte, in seinem Song „Krone der Schöpfung“, diese gierige Haltung, die die abendländische (Christentums-)Geschichte durchzieht, auf den Punkt: „Was kümmert uns die Zukunft, wir beichten im Gebet: Verzeih‘ mir meine Habgier, denn mein ist der Planet!“

Anders hingegen indigene Kulturen. Als im Jahre 1854 ein Gouverneur den Indianern Land abkaufen wollte, ließ ihm Häuptling Seattle folgende Botschaft zukommen:

> *„Die Erde ist unsere Mutter. Was immer der Erde zustößt, es stößt auch den Söhnen und Töchtern der Erde zu. Wenn Menschen auf sie herabspucken, dann bespucken sie sich selbst. Das ist uns Gewissheit: Die Erde gehört uns nicht – wir gehören der Erde. Und auch das wissen wir: Alle Dinge sind miteinander verbunden wie das Blut, welches eine Familie vereinigt.“*[76]

Noch am Ende des 19. Jahrhunderts begründete ein Indianerführer am Columbia River seine Weigerung, nach Art der Weißen Landwirtschaft zu betreiben, so: „Ich soll Gras und Heu schneiden? Wie dürfte ich es wagen, meiner Mutter die Haare abzuschneiden!“[77] Die Psychologen Bang, Medin und Atran untersuchten die Naturkonzepte von weißen Amerikaner*innen und von Menominee, Indianern, die in Reservaten le-

---

76 Seattle (1855): Wir sind ein Teil der Erde. http://www.humanistische-aktion.de/seattle.htm (20.8.2021)

77 Aus: Sheldrake, R. (1993): Die Wiedergeburt der Natur. Wissenschaftliche Grundlagen eines neuen Verständnisses der Lebendigkeit und Heiligkeit der Natur, Wien: Scherz, 19.

ben und bemüht sind, ihre Traditionen zu bewahren.[78] Letztere sehen die Welt holistischer, alles sei miteinander verbunden und solle im Gleichgewicht bleiben. Die Natur sei eine ehrwürdige Mutter und verkörpere tiefen, spirituellen Sinn. Dem gegenüber meinten viele Amerikaner*innen, die Natur diene vor allem dazu, die Bedürfnisse der Menschen zu befriedigen und ihren Wohlstand zu steigern. Schon im Kindesalter fühlen sich die Menominee mit der Natur enger verbunden und bevorzugen Aktivitäten in ihr, etwa Wälder durchstreifen, Beeren pflücken.

Ob Kinder in verschiedenen Kulturen die Natur unterschiedlich wahrnehmen, wollten Boeve-de Paiw und Van Petegem in Erfahrung bringen.[79] Sie setzten, bei Schüler*innen in Belgien, Zimbabwe und in Vietnam, einen Fragebogen ein, der zweierlei messe: Die Dominanz des Menschen über die Natur: „Die Menschen sollten über den Rest der Natur herrschen“, sowie eine ökologisch ganzheitlichere Sicht: „Pflanzen und Tiere haben das gleiche Recht auf Leben wie die Menschen auch“. Die belgischen Kinder, im Kontext des Christentums aufgewachsen, gemäß deren Heiliger Schrift die Erde zu unterwerfen ist, hielten es in der Tat für zutreffender als die in Vietnam und Zimbabwe, der Mensch habe über die Natur zu bestimmen. Aber auch sie pflichteten mehrheitlich jenen Items bei, gemäß denen die Natur eine sehr fragile Einheit sei. Die in den letzten Jahrzehnten intensivierte Umwelterziehung trägt Früchte.

Auch Christ*innen können die Natur holistisch sehen und sich als Teil von ihr begreifen. In besonderem Maße gilt dies für die Bewohner der Sierra Madre in Mexiko, deren Vorfahren im 17. Jahrhundert von Jesuiten christianisiert wurden. Sie sprechen von „Iwígara“, womit die Verbundenheit von allem Leben in ihrem Land gemeint ist. Das Präfix „Iwí“ bedeutet „Atem“, die Essenz von allem Leben, nicht nur dem menschlichen, sondern auch dem tierischen und selbst dem pflanzlichen, weil die Blätter ausatmen, was wir einatmen. Früchte und Tiere seien auch menschlich, Männer und Frauen auch pflanzlich. Der Anthropologe Enrique Salmón

---

78 Bang, M., Medin, D. & Atran, S. (2007): Cultural mosaics and mental models of nature. In: Proceedings of the National Academy of Sciences 104, 13868–13874.
79 Boeve-de Pauw, J. & Van Petegem, P. (2012): Cultural differences in the environmental worldview of children. In: International Electronic Journal of Environmental Education 2, 1–10.

bezeichnet dieses Weltbild als „verwandtschaftszentrierte Ökologie".[80] Viele Bewohner der Sierra Madre wehren sich gegen neue Formen der Landwirtschaft, die zum Raubbau neigen, und versuchen weiterhin, die Fauna zu hegen und zu pflegen.

Eine holistische Sicht der Natur entsteht auch dann wahrscheinlicher, wenn Kinder in fernöstliche Traditionen hineinwachsen. Der Begründer des Buddhimus sei unter einem Salbaum geboren worden, erlangte die Erleuchtung unter einem Feigenbaum, hielt seine erste Lehrrede in einem Wald und entschlief unter einem Salbaum.[81] Er wies seine Gefolgsleute an, Wasser nicht zu verschmutzen und Tieren und Pflanzen in liebender Güte zu begegnen. Buddhistisch geprägte Umwelterziehung will das Bewusstsein dafür stärken, dass wir alle „verbunden sind mit uns selbst, anderen, der Umgebung, nah und fern, vergangen und gegenwärtig".[82]

Auch die Anhänger des Neopaganismus („neue Heiden") fühlen sich mit der Natur tief verbunden. Bewegungen wie Wicca, Schamanismus, neue Druiden und Kelten verstehen sich als „erdzentrierte Religionen".[83] Im Kosmos sei alles untrennbar miteinander verbunden, die vier Elemente Erde, Luft, Feuer und Wasser mit dem Geist, sodass das Pentagramm (fünfzackiger Stern) das angemessenste kosmische Symbol sei. Anders als in dualistischen Religionen, die die Materie als unrein ablehn(t)en, sei alles gesegnet und heilig, auch der Mensch, und keineswegs von der Erbsünde befleckt. Zahlreiche Feste beziehen sich auf Naturvorgänge, so das Mitte März gefeierte Várblót darauf, dass der Sonnengott die schlafende Frühlingserde (Freya) erweckt, aus der Gewalt des Winterwächters

80 Salmón, E. (2000): Kincentric ecology: Indigenous perceptions oft he human-nature relationship. In: Ecological Applications 10, 1327–1332.
81 Thathong, K. (2012): A spiritual dimension and environmental education: Buddhism and environmental crisis. In: Procedia – Social and Behavioral Sciences 46, 5063–5068.
82 Skamp, K. (1991): Spirituality and environmental education. In: Australian Journal of Environmental Education 7, 79–86.
83 Higginbotham, J. & Higginbotham, R. (2005): Paganism. An introduction to earth-centered religions, St. Paul: Llewellyn Publications.

befreit und mit ihr die heilige Hochzeit feiert, aus der neun Monate später der junge Sonnengottsohn des neuen Jahres hervorgeht.[84]

2.4.2 Attraktivität von Landschaften

Natur zeigt unendlich viele Gesichter. Zwei davon:

Erstens: In einer endlosen Wüste, vom bleiernen Himmel sticht die Sonne auf glühenden Sand. Die Horizonte sind hinter dem Hitzeflirren verschwommen. Wer es schafft, durch diese Glut zu schreiten, begegnet dann und wann ausgedörrten Baumstümpfen, dann und wann weißen Knochen verdursteter Tiere.

Zweitens: Auf einer leichten Anhöhe, schattenspendende Tannen, am Abhang Bäume, welche Früchte tragen, vereinzelt Gebüsche, unten in der Senke ein murmelnder Bach. Es ist weit in die Ferne zu sehen, über Getreidefelder, die im Wind wogen, und üppige Wiesen bis zu den bläulichen Gebirgszügen am Horizont.

Welches Szenario lässt wahrscheinlicher ein Gefühl von Verbundenheit aufkommen? Das zweite. Denn in solcher Umgebung haben unsere Vorfahren leichter überlebt, fanden sie Schatten, zu essen, zu trinken, Holz für Feuer und Werkzeug, konnten sie sich bei drohender Gefahr verstecken, hatten sie den Überblick. Dies ließ sich empirisch bestätigen. Männer und Frauen, die sich von den Umweltpsychologen Andrews und Gatersleben durch einen dunklen Wald mit undurchdringlichen Gebüschen führen ließen, waren hernach leicht ängstlicher als jene, die über eine Wiese geschritten waren, die von wenigen Bäumen und Sträuchern bewachsen war, und Fernsicht hatten.[85]

Als besonders attraktiv eingeschätzt werden Savannen. Falk und Balling präsentierten afrikanischen Kindern und Jugendlichen fünf Landschafts-

---

84 Neményi, G. (2004): Götter, Mythen, Jahresfeste. Heidnische Naturreligion, Holdenstedt: Sigrid Kersken-Canbaz Verlag, 236 f.

85 Andrews, M. & Gatersleben, B. (2010): Variations in perceptions of danger, fear and preference in a simulated natural environment. In: Journal of Environmental Psychology 30, 473–481.

typen und fragten, welche sie besonders ansprechen.[86] Am stärksten tat dies eine weite Savanne mit Sträuchern, Akazien und Baobabbäumen mit breitem Laubdach. Sodann tropischer Regenwald, ein gemäßigter Laubwald und ein Tannenwald. Mit Abstand am wenigsten favorisiert wurde eine steinige Wüste mit dürren Gräsern.

Seit der bahnbrechenden Studie zu Landschaftspräferenzen von Orians werden solche Ergebnisse mit der Savannen-Hypothese erklärt.[87] Die ersten Homines sapientes, uns anatomisch gleich, lebten in der ostafrikanischen Savanne, in offener, grüner oder goldbrauner Landschaft, die gut einsehbar ist, bewachsen von Bäumen, durchplätschert von Bächen, deren Wasser keimfreier ist als in morastigen Tümpeln. Hier konnten sie leichter überleben als in Dschungeln, deren dorniges Gebüsch kaum zu durchqueren ist, oder in trockenen Gegenden, wo der Wind stets Staub aufwirbelt und der Boden von Rissen durchzogen ist. Nach wie vor zählen Safaris zu den beliebten Urlauben.

In mehreren Studien[88] wurden, zusätzlich zu Landschaften, auch städtische Szenarien gezeigt, stark befahrene Kreuzungen, Fassaden von Hochhäusern, Wohnquartiere mit vielen geparkten Autos. Diese wurden durchgängig für weniger attraktiv eingeschätzt, obschon mehr und mehr Menschen in genau solchen Settings leben. Ökopsycholog*innen erklären die Bevorzugung naturbelassener Umgebung mit der Theorie der Wiederherstellung der Aufmerksamkeitsfähigkeit, die in Abschnitt 2.5.2 ausführlicher beschrieben wird.

---

86 Falk, J. & Balling, J. (2010): Evolutionary influence on human landscape preference. In: Environment and Behavior 42, 479–493.

87 Orians, G.H. (1980): Habitat selecetion: General theory and applications to human behavior. In: J. Lockard (Ed.): The evolution of human social behavior, Chicago: Elsevier, 49–66.

88 Bspw.: Hartmann, P. & Apaolaza-Ibáñez, V. (2010): Beyond savanna: An evolutionary and environmental psychology approach to behavioral effects of nature scenery in green advertising. In: Journal of Environmental Psychology 30, 119–128; Moura, J. et al (2018): The influence of the evolutionary past on the mind: An analysis of the preference for landscapes in the human species. In: Frontiers in Psychology 9, Article 2485.

2.4.3 Wenn Natur vermenschlicht wird

Als Kinder lagen wir an sonnigen Tagen gelegentlich auf einer Wiese und schauten zum Himmel auf, gerne dann, wenn der Wind vielgestaltige Wolkengebilde vor sich her wehte. „Da ein Drache". „Nein, eine Schlange!" „Dort ein Engel mit großen Flügeln!" Aber faktisch waren oben nur Myriaden von Aerosolen zu sehen. Wir nahmen die Natur ähnlich wahr wie unsere Vorfahren, die in den Wolken Gesichter sahen, die dem Religionsforscher Guthrie zufolge zu Göttern wurden,[89] und für die die Natur lebendig und bevölkert war, von Elfen, Trollen, Gnomen, Zwergen, Geistern.

Der große Entwicklungspsychologe Jean Piaget bezeichnete es als „Animismus", wenn Kinder Objekte der Umwelt mit Empfindungen ausstatten.[90] Er führte diesen darauf zurück, dass Kinder in ihrer unausweichlichen Egozentrizität – die nicht Egoismus ist – gar nicht anders können, als zur Meinung zu gelangen, die Dinge seien so wie sie selber, der Sturmwind, wenn er Schaden anrichtet, böse, die Sonne, wenn sie wärmt, lieb. Piaget zufolge müsse das Kind „seinen Geist entsubjektivieren", um zu einer „objektiven Schau der Dinge" zu gelangen, was ihm nicht leicht falle.[91]

Wenn spezifisch Menschliches in die Natur projiziert wird, erfolgt „Anthropomorphisierung". Dies geschah in ergreifender Weise in einer Biologiestunde, als Zweitklässler einen gequollenen großen Bohnensamen aufschlitzen sollten. Viele weigerten sich: „Das tut der Bohne weh. Das ist wie bei Menschen, wenn man ihnen den Bauch aufschneidet."[92] Anthropomorph können auch Landschaften gesehen werden, so im Berchtesgadener Land der Berg „schlafende Hexe": Ein markanter Gipfel als knorrige Nase, darunter ein spitzes Kinn, steil abfallend und in zwei runde Vorgipfel auslaufend, der Busen.

---

89 Guthrie, S. (1993): Faces on the clouds. A new theory of religion, New York: Oxford University Press.

90 Piaget, J. (2007): Das Weltbild des Kindes, Stuttgart: Klett-Cotta.

91 Piaget (Anm. 90), 207.

92 Aus Gebhard, U. ([2]2005): Kind und Natur. Die Bedeutung der Natur für die psychische Entwicklung, Wiesbaden: Verlag für Sozialwissenschaften, 205.

Animismus und Anthropomorphismus werden von Rationalisten oft als archaisch, mitunter als primitiv abgewertet und seien in Richtung objektiver Wissenschaftlichkeit zu überwinden. Allerdings ist fraglich, ob das vollumfänglich überhaupt möglich ist. Auch Erwachsenen passiert es, dass sie, wenn der Computer langsam hochstartet, zu diesem unwirsch sagen: „Na komm schon!" – das beeindruckt den Prozessor herzlich wenig. Die südkoreanischen Psychologen Li und Sung fragten mehr als 200 häufige Nutzer*innen, ob ihr Handy Assistent seinen eigenen Geist habe. Je stärker sie ihr Gerät anthropomorphisierten, desto mehr Nähe spürten sie zu ihm, desto zufriedener waren sie mit ihm.[93] Zumal dann, wenn Menschen unter Einsamkeit leiden, beginnen sie zu anthropomorphisieren, etwa wenn zum Haushund gesagt wird, er sei treuer als ein Mann, der Kanarienvogel gesprächiger als mürrische Zeitgenoss*innen.[94]

Bruce Charlton, Professor für Theoretische Medizin, plädierte für die Rehabilitierung des Animismus.[95] „Wir alle waren einst animistische Kinder". Die überwältigende Mehrheit unserer Vorfahren habe die Umwelt beseelt, in den Wolken Gesichter und in den Bäumen Lebewesen gesehen, so wie das auch Hermann Hesse vermochte, der Bäume, für Holzspekulanten bloß Klafter und Euros, als Prediger würdigte.[96] Wissenschaftliche Rationalität habe die Menschen in eine Welt von indifferenten Dingen entfremdet und sie kosmisch einsam gemacht. Aber der Animismus könne wieder genesen, nicht indem wir zu Jägern und Sammlern zurück regredieren, sondern durch veränderte Bewusstseinszustände, etwa in der Meditation, wenn sich die Tätigkeit im Orientierungsareal des Gehirns abschwächt, was als Einswerden erlebt wird:[97]

---

93 Li, X. & Sung, Y. (2021): Anthromorphism brings us closer: The mediating role of psychological distance in User-A 1 assistant interactions. In: Computers in Human Behavior 118, 106680, 1–19.
94 Epley, N. et al (2008): When we need human: Motivational determinants of anthropomorphism. In: Social Cognition 26, 143–155.
95 Charlton, B.G. (2007): Alienation, recovered animism and altered states of consciousness. In. Medical Hypotheses 68, 727–731.
96 Hesse, H.: http://hesse.projects.gss.ucsb.edu/works/baeume.html (20.8.2021).
97 Newberg, A., d'Aquili, E, & Rause, V. (2004): Der gedachte Gott. Wie Glaube im Gehirn entsteht, München: Piper, 123.

„Meine Seele flieht zurück,
bis wo vor tausend vergessenen Jahren
der Vogel und der wehende Wind
mir ähnlich und meine Brüder waren.“[98]

Wer Natur als mit menschlichen Zügen ausgestattet wahrnimmt, fühlt sich mit ihr tiefer verbunden und ist motivierter, sie zu schonen. Die Hongkonger Psychologen Tam, Lee und Chao präsentierten Studierenden ernüchternde Fakten zum ökologischen Zustand unseres Planeten und baten sie hernach, diesen zu zeichnen. Mehr als ein Drittel malte die Erde anthropomorph, zumeist als leidendes Gesicht, die Lippen heruntergezogen, Bluts- und Schweißtropfen auf Stirn und Wangen.[99] Diese Studierende wiesen bei Naturverbundenheit höhere Werte auf und beteuerten häufiger, ökologisch unbedenklichere Produkte zu kaufen, nicht plastikumhüllt, sondern lokal und biologisch erzeugt.

2.4.4 Liebenswürdige und achtsame Menschen sind naturverbundener

Zum einen ist jeder Mensch einzigartig. Zum anderen besteht seit der Antike das Bedürfnis, Menschen verschiedenen Typen zuzuordnen. Hippokrates unterschied agile Athletiker, aufbrausende Choleriker, träge Phlegmatiker und trübsinnige Melancholiker. In der Persönlichkeitspsychologie haben sich jedoch die Big V durchgesetzt:

1. Extraversion: Gesellige Menschen, gern auf Partys und mit vielen Freunden.
2. Neurotizismus: Ängstliche Menschen, oft grübelnd, leicht in Sorge.
3. Verträglichkeit: Liebenswürdige Personen, dankbar, empathisch, hilfsbereit.
4. Gewissenshaftigkeit: Menschen, die sehr pflichtbewusst und akribisch sind.
5. Offenheit für neue Erfahrungen: Neugierige Männer und Frauen, vielseitig interessiert, gerne Neues ausprobierend.

---

98 Hesse, H. (1979): Die Gedichte, Frankfurt/M.: Suhrkamp, 231.

99 Tam, K.P. Lee, S.L. & Chao, M.M. (2013): Saving Mr. Nature: Anthropomorphism enhances connectedness to and protectiveness toward nature. In: Journal of Experimental Social Psychology 49, 514–521.

Lee und Mitarbeiter wollten wissen, wie diese Persönlichkeitseigenschaften mit der subjektiv eingeschätzten Nähe zur Natur zusammenhängen.[100] Am höchsten ist die Korrelation mit Offenheit für neue Erfahrungen (r = .44),[101] erklärbar damit, dass offene Menschen auch die Vielgestalt der Natur nuancierter wahrnehmen und empfänglicher für ihre Schönheit sind. Auch halten sie weniger von Aus- und Abgrenzungen, sei es zwischen Personengruppen, sei es zwischen Menschen und anderen Lebewesen.[102] Überzufällig hängt Naturverbundenheit auch mit der Persönlichkeitseigenschaft Verträglichkeit zusammen (r = .26), wozu auch die Fähigkeit zählt, sich in andere einzufühlen, nicht nur in Mitmenschen, sondern auch in andere Geschöpfe. Personen mit hoher Extraversion sind nicht naturverbundener, ebenfalls nicht solche mit ausgeprägtem Neurotizismus, erklärbar damit, dass sie sich häufiger mit eigenen Problemen beschäftigen. Erwiesenermaßen sorgen sich letztere stärker wegen der fortschreitenden Naturzerstörung.[103]

Lee und Mitarbeiter fanden zusätzliche Persönlichkeitseigenschaften, die mit innigerer Naturverbundenheit einhergehen. Ohnehin ist fraglich, ob sich der Mensch, letztlich ein unergründliches Wesen, mit nur fünf Persönlichkeitseigenschaften hinreichend erfassen lässt. Der Naturverbundenheit förderlich sind Aufrichtigkeit und Demut. Letztere, von Kirchen und anderen autoritären Systemen oft als blinde Unterwürfigkeit missbraucht, kann als psychische Stärke gesehen werden: Als Fähigkeit, sich angesichts des gewaltigen Kosmos und der Genialität so vieler anderer Menschen realistisch (klein) zu sehen, was nachhaltig vor Narzissmus schützt.[104]

---

100 Lee, K. et al (2015): Connectedness to nature and to humanity: Their association and personality correlates. In: Frontiers in Psychology 6, Article 1003, 1–11.

101 r ist der Korrelationskoeffizient. Solche können Ausprägungen zwischen 1 (vollständig positiver Zusammenhang) und – 1 (vollständig negativer Zusammenhang) annehmen. Ist r ~ .0, besteht kein Zusammenhang.

102 McCrae, R. (1994): Openess to experience: Expanding the boundaries of factor V: In: European Journal of Personality 8, 251–272.

103 Hirsh, J. (2010): Personality and environmental concern. In: Journal of Environmental Psychology 30, 245–248.

104 Tangney, J. P. (2000): Humility: Theoretical perspectives, empirical findings and directions for future research. In: Journal of Social and Clinical Psychology 19, 70–82.

Es gibt Menschen, die gedankenlos eine Blume ausreißen, und andere, die sie aufmerksam betrachten und vor ihr Ehrfurcht empfinden.[105] Diese selbsttranszendente Emotion, von der Goethe sagte, sie sei notwendig dafür, damit der Mensch nach allen Seiten hin ein Mensch sei, vertieft Naturverbundenheit. Yang et al, Umweltpsychologen in China, zeigten Studierenden beeindruckende Naturbilder – stäubende Wasserfälle, heranbrandende Wogen – und ließen sie einen Fragebogen zu Naturverbundenheit und ökologischer Handlungsbereitschaft bearbeiten. Im Vergleich zu einer Kontrollgruppe, die lustige Klips angeschaut hatte, wiesen sie bei beiden Variablen höhere Werte auf.[106]

Auch Achtsamkeit, wofür das Englische das wunderschöne Wort „mindfulness" kennt (voll von Geist), begünstigt Naturverbundenheit. Wem es leichter gelingt, darauf zu achten, was gerade ist, hier und jetzt – und nicht in Gedanken vorauseilt, nicht im Vergangenen suhlt –, wird offener für die vielen reizenden Eindrücke der Natur und fühlt sich tiefer mit ihr verbunden.[107] Der Soziobiologe Edward Wilson in seinem Klassiker „Biophilia":

> *„Ein Naturliebhaber geht allein über ein Feld oder durch einen Wald und schließt seinen Geist für alles außer das, was hier und jetzt ist, sodass das Leben um ihn herum alle seine Sinne berührt und kleinste Details zu Wundern werden."*[108]

Männer und Frauen, instruiert, achtsam durch einen Park zu schreiten, sich jeden Schrittes bewusst zu sein, als würden sie ihn das erste Mal gehen, jeden Atemzug auszukosten, fühlten sich hernach mit der Natur tiefer verbunden als eine Vergleichsgruppe.[109] Auch verspürten sie mehr Neugierde, Faszination, Ehrfurcht, Freude. Naturverbundenheit und Achtsamkeit

---

105 Bucher, A. (2016): Ehrfurcht. Psychologie einer Stärke, Ostfildern: Patmos.

106 Yang, Y. et al (2018): From awe to ecological behavior: The mediating role of connectedness to nature. In: Sustainability 10, 2477: https://www.mdpi.com/2071-1050/10/7/2477/htm (20.8.2021).

107 Howell, A.J. et al (2011): Nature connectedness: Associations with well-being and mindfulness. In: Personality and Individual Differences 51, 166–171.

108 Wilson (Anm. 66), 103.

109 Nisbet, E., Zelenski, J.M. & Grandpierre, Z. (2019): Mindfulness in nature enhances connectedness and mood. In: Ecopsychology 11, 81–91.

stärken sich gegenseitig.[110] Wer öfters draußen ist, kann dort erfahren, dass sich stressige Gedanken verflüchtigen und die Sinne öffnen, was es erleichtert, vom Ego abzusehen und Natur auf sich wirken zu lassen.

2.4.5 Natürliche Substanzen, die Naturverbundenheit stärken

Die Natur hat eine unerschöpfliche Vielfalt von Lebensformen hervorgebracht, allein um die 1,5 Millionen Pilzarten, und auch Substanzen, deren Verzehr Naturverbundenheit stärkt. Eine davon ist Psilocybin, zur Gruppe der Tryptamine gehörend und in halluzinogenen Pilzen enthalten, die schon von Schamanen eingenommen wurden, um in veränderte Bewusstseinszustände zu gelangen. Psilocybin wurde Ende der 1950er Jahre bekannt, nachdem die Heilpriesterin Maria Sabina Ärzte und Chemiker zu einer heiligen Pilzzeremonie eingeladen hatte und renommierte Zeitschriften darüber berichteten. In der Bundesrepublik ist der freie Konsum von Psilocybin untersagt. In letzter Zeit mehrten sich jedoch Initiativen, diesen traditionsreichen psychotropen Wirkstoff zu entkriminalisieren, was in etlichen amerikanischen Bundesstaaten geschehen ist, sodass Studien über dessen Wirkungen durchgeführt werden können, auch im Hinblick auf Naturverbundenheit. Watts et al verabreichten 17 schwer depressiven Patienten dosiert und über drei Monate hinweg Psilocybin.[111] Hernach beteuerten die Teilnehmer einhellig, mehr Verbundenheit zu spüren, zu sich selbst, den Mitmenschen, der Natur:

> *„Zuvor hatte mich die Natur erfreut, aber jetzt fühle ich mich als ein Teil von ihr. Früher habe ich sie wie ein Ding betrachtet, wie am Fernseher. Aber jetzt bin ich ein Teil von ihr, da ist keine Trennung, kein Unterschied, du bist sie."*

Kettner et al baten 654 Erwachsene, Fragebögen auszufüllen und in den folgenden Wochen dosiert Psilocybin einzunehmen.[112] Schon nach 14 Ta-

---

110 Schutte, N.S. & Malouff, J.K. (2018): Mindfulness and connectedness to nature: A meta-analytic investigation. In: Personality and Individual Differences 127, 10–14.

111 Watts, R. et al (2017): Patients' accounts of increased ‚connectedness' and ‚acceptance' after psilocybin for treatment-resistent depression. In: Journal of Humanistic Psychology 57, 520–564.

112 Kettner, H. et al (2019): From egoism to ecoism: Psychedelics increase nature relatedness in a state mediated and context-dependent manner. In: International Journal of Environmental Research and Public Health 16, 5147.

gen war die Naturverbundenheit tiefer und die Zustimmung zu Items wie: „Ich fühlte mich eins mit dem Universum" markanter.[113] Auch berichteten die Teilnehmer, den „Überblickseffekt" verspürt zu haben, wie er von Astronauten bezeugt wird, die auf die weißblaue Erde hinunterstaunten:

> *„Ich hatte noch ein anderes Gefühl: Dass die Erde ein lebendiges Wesen ist. Die Flüsse sahen aus wie die Adern eines Menschen. Ich sagte zu mir: ‚Das ist der Ort, wo wir leben, es ist wirklich wunderbar.'"*[114]

Die Raumfahrer gerieten mitunter in Ekstase und erlebten überwältigende Gefühle universaler Brüderlichkeit und der Einheit, was ihre Persönlichkeit nachhaltig veränderte.

Wie Psilocybin Verbundenheit stärkt, interessierte die Neuropsychologen Carhart-Harris et al.[115] Sie maßen bei 15 Freiwilligen die neuronale Aktivität, nachdem ihnen dieses Psychodelikum intravenös verabreicht worden war. Die Teilnehmer*innen spürten eine stärkere Verbindung mit ihrer Umgebung, Zeitlosigkeit und eine traumähnliche Qualität des Erlebens. Auf den Bildschirmen zeigte sich jedoch nicht generell stärkere Gehirnaktivität, sondern reduzierte, vor allem im mittleren präfrontalen Cortex und im posterioren Cingulum, in Regionen also, in denen selbstreflexive Prozesse ablaufen. Im psychodelischen Erleben verringert sich demnach die Ichbezogenheit, was mehr Offenheit für anderes ermöglicht. In einem Experiment wiesen MacLean, Johnson & Griffiths nach, dass bei 52 Freiwilligen die Persönlichkeitseigenschaft Offenheit für neue Erfahrungen stärker ausgeprägt war, nachdem sie Psilocybin zu sich genommen hatten, während die Werte für Extraversion, Verträglichkeit, Neurotizismus

---

113 Nour, M. et al (2016): Ego-dissolution and psychedelics: Validation of the Ego-Dissolution Inventory (EDI). In: Frontiers in Human Neuroscience 10, 269, 1–13.

114 Yaden, D.B. et al (2016): The overview effect: Awe and self-transcendent experience in space flight. In: Psychology of Consciousness: Theory, Research, and Practice 3, 1–11.

115 Carhart-Harris, R.L. et al (2012): Neural correlates of the psychedelic state as determined by fMRI studies with psilocybin. In: Proceedings of the National Academy of Sciences 109, 2138–2143

und Gewissenhaftigkeit konstant blieben.[116] Besonders stark war die Steigerung, wenn die Teilnehmer Mystisches erfahren hatten: Verbundenheit mit allem, überwältigende Freude und der „starke Glaube, dass eine solche Erfahrung die Quelle absoluter Wahrheit über die Wirklichkeit ist".[117]

Großen Mystiker*innen wurden solche Erfahrungen geschenkt, ohne dass sie Zauberpilze schluckten, die Nebenwirkungen haben können: Schwindel, Übelkeit. Auch Naturverbundenheit lässt sich aus eigenen Kräften vertiefen, was Menschen allemal mehr beglückt als das, was geschluckt oder gespritzt wird.

2.4.6 Häufiges Verweilen in der Natur

Dieses vertieft Naturverbundenheit am nachhaltigsten. Schon ein kurzes Verweilen draußen wirkt. Studierende, die fünfzehn Minuten lang an einem Bachufer entlangspaziert waren, das von blühenden Gebüschen bewachsen war, erreichten bei Naturverbundenheit höhere Werte als solche, die vor dem Ausfüllen ebenso lang auf einem Parkplatz inmitten von Betonbauten gewartet hatten.[118] Noch mehr wächst Verbundenheit, wenn Männer und Frauen öfters schwimmen, beim Joggen frische Waldluft atmen, beim steilen Aufstieg auf den Gipfel die Sonnenstrahlen, auf dem Rad den Fahrtwind spüren. Die Ökopsychologen Passmore und Howell motivierten eine Gruppe von Studierenden, in ihrer Freizeit so oft wie möglich in die Natur hinauszugehen und dort aktiv zu sein, und eine Kontrollgruppe dazu, so viele Anagrammaufgaben wie möglich zu lösen.[119] Nach zwei Wochen füllten beide Gruppen umfangreiche Frage-

---

116 MacLean, K.A., Johnson, M.W. & Griffiths, R.R. (2011): Mystical experiences occasioned by the hallucinogen psilocybin lead to increase in the personality domain of openness. In: Journal of Psychopharmacology 25, 1453–1461.

117 Griffits, R.R. et al (2008): Mystical-type experiences occasioned by psilocybin mediate the attribution of personal meaning and spiritual significance 14 months later. In: Journal of Psychopharmacology 22, 621–632.

118 Mayer, S. et al (2009): Why is nature beneficial? The role of connectedness to nature. In: Environment and Behavior 41, 607–643.

119 Passmore, H.A. & Howell, A.J. (2014): Nature involvement increases hedonic and eudaimonic well-being: A two-week experimental study. In: Ecopsychology 6, 148–154.

bögen aus. Jene, die öfters durch den Park spaziert waren, Gartenarbeiten verrichtet hatten etc., fühlten sich naturverbundener und glücklicher als die Rater, die zumeist drinnen geblieben waren.

Nachhaltige Effekte bewirken Sommercamps. Collado, Staats & Corraliza befragten spanische Kinder, die zwei Wochen in einem Ferienlager verbrachten, im Zelt schliefen, wanderten, schwammen und viele Informationen über die Fauna und Flora erhielten.[120] Im Nachtest stimmten sie Aussagen wie: „Wenn ich von Natur umgeben bin, werde ich ruhiger und fühle ich mich daheim" mehr zu als zu Beginn des Lagers. Auch beteuerten sie, umweltschonender handeln zu wollen, etwa das Licht auszuschalten, wenn es nicht gebraucht wird. In einer Kontrollgruppe, die die beiden Wochen in der gewohnten städtischen Umgebung verbracht hatte, ließen sich keine solchen Veränderungen nachweisen.

Unsere Lebenswelt ist nicht nur in einem noch nie da gewesenen Ausmaß urbanisiert, sondern auch geprägt von Medien. Diese können auch natürliche Szenerien vermitteln, etwa wenn ein Kind mitten in der City ein Bilderbuch über den Wald betrachtet. Wie stellvertretende Naturerfahrungen wirken, wurde in den letzten Jahren vermehrt untersucht, so von Nadkarni und Mitarbeiter*innen bei einer besonders benachteiligten Gruppe: Insassen von Hochsicherheitsgefängnissen.[121] Jene, die in ihren dunklen Zellen wöchentlich fünf Stunden lang Videos von Naturszenen anschauen durften, waren ruhiger, friedlicher und fühlten sich besser als die anderen Mitgefangenen. Aber dieser Effekt trat nur ein, wenn sich die Gefangenen lebendig daran erinnern konnten, dass sie auf Wiesen, in Wäldern, an Ufern aktiv und glücklich waren – ein starkes Indiz dafür, dass konkrete Naturerfahrung unverzichtbar ist.

Ob Menschen eher Stubenhocker oder häufiger draußen und naturverbundener sind, wird maßgeblich von Kindheitserinnerungen beeinflusst. Die australische Psychologin Pensini fragte 646 jüngere Personen, wie oft

---

120 Collado, S., Staats, H. & Corraliza, J.A. (2013): Experiencing nature in children's summer camps: Affective, cognitive and behavioural consequences. In: Journal of Environmental Psychology 33, 37–44.

121 Nadkarni, N.M. et al (2017): Impacts of nature imagery on people in severly nature-deprived environments. In: Frontiers in Ecology and the Environment 15, 395–403.

sie als Kind draußen waren und was sie dabei bevorzugt taten, aber auch, wie oft sie jetzt hinausgehen.[122] Als Kinder verweilten sie oft im Garten, wanderten, beobachteten Vögel, schauten zu den Sternen auf. Wer als Kind oft, gerne und aktiv im Freien war, war es auch als Erwachsener. Und darüber hinaus in besserer Verfassung, was zu den vielen Vorteilen von Naturverbundenheit weiterleitet.

2.5 Vielfältiger Nutzen von Naturverbundenheit

Vielen dürfte es ähnlich ergehen: Ein stressiger Tag, am Morgen im Gewühle eiliger Pendler in der U-Bahn, über eine lärmige Straße ins Büro, dort stundenlang zwischen Glas und Beton. Aber am Abend nur kurze Zeit in den Park, an Teichen entlang, unter Bäumen hindurch, Vogelgezwitscher, der Lärm wird leiser. Der Atem geht ruhiger, das Herz schlägt langsamer, die Gedanken werden klarer, das Wohlbefinden steigt.

Naturverbundenheit, die durch häufiges Draußensein vertieft wird, zeitigt günstige Effekte, die von Ökopsycholog*innen und Mediziner*innen überzeugend bestätigt wurden. Sie erhöht das Wohlbefinden (Abschnitt 2.5.1), stärkt die Gesundheit (2.5.2), verbessert kognitive Leistungsfähigkeit (2.5.3) und motiviert zu umweltfreundlichem Handeln, das für unser Überleben auf diesem begrenzten Planeten unumgänglich ist (2.5.4).

2.5.1 Naturverbundenheit beglückt

Schon Aristoteles (384–323 v.Chr.) hielt Glück für das höchste Gut, das einem Menschen zuteilwerden könne. Die meisten Zeitgenossen zählen dieses zu den wichtigsten Lebenszielen, in unserer Spaß- und Eventgesellschaft erst recht. Glück suchen die Menschen auf unterschiedlichsten Wegen. Die einen, indem sie mit dem Mountainbike 1'500 Höhenmeter hochkeuchen, andere, indem sie tagelang am Karibikstrand herumdösen, den Tequila in Reichweite.

---

122 Pensini, P. et al (2016): An exploration of the relationships between adults' childhood and current nature exposure and their mental well-being. In: Children, Youth and Environments 26, 125–147.

Zu den gesicherten Ergebnissen der Glücksforschung zählt, dass sich Menschen in unversehrter Natur glücklicher fühlen.[123] MacCerron und Mourato motivierten 21‘946 Brit*innen, sich in zufälligen Abständen auf dem I-Phone anpiepsen zu lassen und einzutippen, wo sie sich gerade befanden, was sie taten, wie sie sich dabei fühlten.[124] Am glücklichsten waren sie draußen in der freien Natur, bei Temperaturen um die 20 Grad, im Sonnenschein, bei Tätigkeiten wie wandern, fischen, Rad fahren, Gartenpflege. Weniger glücklich waren sie in Nebel und Regen, bei der Arbeit in geschlossenen Räumen, in Innenstädten, und insbesondere während der lärmigen Rush-Hour.

Doch mit der Natur häufig Kontakt zu haben, macht nicht zwingend glücklich, so Martin et al auf der Basis einer aktuellen Studie mit 4‘960 Personen.[125] Glücksrelevanter ist vielmehr das Gefühl, mit der Natur verbunden, ja ein Teil von ihr zu sein, und zwar sowohl im Hinblick auf das zumeist kurzfristige hedonistische Glück[126] – Genuss, Lust und Vergnügen –, als auch auf das länger anhaltende eudaimonistische Glück, das sich Menschen selber erarbeiten müssen, damit ihr Leben gelingt.[127]

Warum beglückt Naturverbundenheit? Sie geht einher mit Geborgenheit und dem Vertrauen, nicht aus dieser Welt herausfallen zu können. Die russische Psychologin Kryazh befragte mehr als 200 Studierende und fand: Je mehr diese vertrauten, nicht nur sich selbst, sondern auch ihrer Umgebung, desto stärker war der Effekt von Naturverbundenheit auf das

---

123 Bucher, A. (^{2}2018): Psychologie des Glücks, Weinheim, 97 f.

124 MacKerron, G. & Mourato, S (2013): Happiness is greater in environmental environments. In: Global Environmental Change 23, 992–1000.

125 Martin, L. et al (2020): Nature contact, nature connectedness and associations with health, well-being and pro-environmental behaviours. In: Journal of Environmental Psychology 68, 101389, 1–12.

126 Capaldi, C.A., Dopko, R. & Zelenski, J.M. (2014): The relationship between nature connectedness and happiness: a meta-analysis. In: Frontiers in Psychology 5, 28–42.

127 Pritchard, A. et al (2020): The relationship between nature connectedness and eudaimonic well-being: A meta-analysis. In: Journal of Happiness Studies 21,1145–1167.

psychische Wohlbefinden.[128] Vertrauen ist ein großartiges Geschenk und kann dem Menschen früh gegeben werden, wenn er als Säugling oft getragen wird. Entsteht in jungen Jahren Urmisstrauen, ist das eine schwere Hypothek für das ganze Leben. Naturverbundenheit wird sich kaum einstellen und das Glück geringer bleiben.

Dem Vertrauen entgegengesetzt ist Angst, die zu den negativen Emotionen zählt, aber ohne die unsere Vorfahren nicht überlebt hätten. Freilich, auch Natur kann in Angst versetzen, wenn ein Tsunami heranrollt, ein Orkan Dachziegel umherwirbelt, der Luftdruck einer Lawine die Scheiben klirren lässt. Aber Naturverbundenheit geht mit weniger Ängstlichkeit einher. Martyn und Brymer befragten 305 australische Student*innen und fanden: Wer sich mit der Natur enger verbunden fühlte, war weniger ängstlich.[129] Kinder, die kaum Kontakt mit natürlicher Umgebung hatten und in sterilen Wohnungen aufwuchsen, waren ängstlicher, wenn sie durch einen Wald mit finsteren Gebüschen schritten oder eine Weide entlang liefen, auf der Kühe grasten.[130] Auch neigten sie dazu, nicht nur Ekel vor Spinnen zu empfinden – typisch für die evolutionär gewordene Biophobie[131] –, sondern auch vor natürlichen Dingen, die sich nicht in klimatisierten Räumen befanden.

Wer sich als Teil einer wunderbaren Natur begreift, hat einen höheren Selbstwert, eines der stärksten Korrelate von Glück. Mehrfach wurde nachgewiesen: Wer Aussagen wie „Ich besitze gute Eigenschaften" für richtig hält, „Hin und wieder denke ich, dass ich gar nichts tauge" für

---

128 Kryazh, I. (2019): The positive effect of nature connectedness on psychological wellbeing: The significance of trust as a mediator. In: Journal of the Higher School of Economics 16, 27–49.

129 Martyn, P. & Brymer, E. (2016): The relationship between nature relatedness and anxiety. In: Journal of Health Psychology 21, 1436–1445.

130 Orr, D. (2004): Earth in mind: On education, environment, and the human prospect, Washington DC: Island Press.

131 Ulrich, R.S. (1993): Biophilia, biophobia and natural landscapes. In: S.R. Kellert & E.O. Wilson (Eds.): The biophilia hypothesis, Washington DC: Island Press, 73–137.

falsch,[132] fühlt sich mit der Natur enger verbunden.[133] Eine mögliche Erklärung: Naturverbundene sind leichter in der Lage, ihren Körper, der Natur ist, anzunehmen, wie er ist. Die Zufriedenheit mit dem Körperselbstbild ist wichtig für das Selbstwertgefühl. Die Ökopsychologin Scott wies nach: Frauen, denen es wichtig war, Schönheitsidealen zu entsprechen, schlank und rank zu sein, waren weniger naturverbunden als jene, die sich schön finden, „auch wenn ich mich von Medienbildern unterscheide".[134]

2.5.2 Naturverbundenheit stärkt die Gesundheit

Roger Ulrich erkrankte in seiner Jugend an einem Nierenleiden und musste lange Monate in einem Krankenzimmer liegen. Trost fand er darin, Stunde um Stunde eine große Kiefer zu betrachten, die vor seinem Fenster gewachsen war. Als junger Umweltpsychologe erinnerte er sich daran und führte an einer Klinik in Pennsylvania eine klassisch gewordene Studie durch. Im Krankenhaus konnten einige Patient*innen durch die Fenster auf prächtige Laubbäume schauen, andere hingegen mussten sich mit einer tristen Backsteinmauer begnügen. Patient*innen, denen die Gallenblase entfernt worden war, verließen die Klinik im Schnitt einen Tag früher, wenn sie ins Grüne blicken konnten, benötigten weniger Schmerzmittel und fühlten sich besser als jene, die auf die graue Mauer blickten.[135]

Bäume erfüllen im Ökosystem unersetzbar wichtige Funktionen. Sie spenden Sauerstoff und Schatten, reinigen die Luft von Schadstoffen wie CO^2, kühlen an hitzigen Tagen die Temperatur, bieten vielen Tieren, speziell Vögeln, Lebensraum. Und sie nützen der Gesundheit. Dies zeigt

---

132 Aus der Selbstwertskala von: Collani, G. & Herzberg, P. (2003): Eine revidierte Fassung der deutschsprachigen Skala zum Selbstwertgefühl von Rosenberg. In: Zeitschrift für Differentielle und Diagnostische Psychologie 24, 3–7.
133 Swami, V. et al (2016): Bodies in nature: Associations between exposure to nature, connectedness to nature, and body image in U.S. adults. In: Body Image 18, 153–161.
134 Scott, B.A. (2010): Babes and the woods: Women's objectification and the feminine beauty ideal as ecological hazards. In: Ecopsychology 2, 147–158.
135 Ulrich, R. (1984): View through a window may influence recovery from surgery. In: Science 224, 420–421.

sich daran, wenn plötzlich viele von ihnen verschwinden. Seit dem Jahr 2000 wütet in den USA der Asiatische Eschenprachtkäfer, dem bereits 100 Millionen Bäume zum Opfer fielen. In Gegenden, wo viele Bäume verdorrten, stieg die Rate der Todesfälle aufgrund von Herz- und Atemwegserkrankungen überzufällig an.[136] Die naheliegende Erklärung: Bäume verbessern die Luftqualität.[137]

Nisbet, Shaw und Lachanche fragten 100 Kanadier*innen, wie sehr sie sich mit der Natur im Allgemeinen verbunden fühlen, und wie sehr mit Bäumen.[138] Zusätzlich erhoben sie Gesundheitsvariablen und fanden: Natur- und Baumverbundene waren gesünder, fühlten sich vitaler, erlebten häufiger angenehme Affekte und waren seltener gestresst.

Wie lässt sich erklären, dass Naturverbundenheit gesund ist? Diskutiert werden:

1. Die Theorie der Stressreduktion, maßgeblich entwickelt von Ulrich.[139]
2. Die Theorie der Wiederherstellung der Aufmerksamkeitsfähigkeit von Kaplan.[140]

Ulrich vertritt einen psychoevolutionären Ansatz und verweist darauf, wir Menschen verfügten über eine in der Evolution entstandene Bereitschaft, positiv auf Umgebungsreize anzusprechen, die dem Überleben förderlich waren. Wenn unsere Vorfahren einer Giftschlange begegneten, gerieten sie in Stress, der sich aber schnell abbaute, sobald diese weg war und eine sprudelnde Quelle zu sehen war. Ulrich bestätigte dies experimentell. Studierenden wurde ein Kurzfilm gezeigt, der Stress erzeugt: Arbeitsunfälle mit viel Blut. Hernach sah eine Gruppe beruhigende Naturszenen, Bäume, einen murmelnden Bach. Der anderen Gruppe wurden

---

136 Donovan, G. et al (2013): The relationship between trees and human health. In: American Journal of Preventive Medicine 44, 139–145.

137 Nowak, D., Crane, D. & Stevens, J. (2006): Air pollution removal by urban trees and shrubs. In The U.S Urban Forest Urban Green 4, 115–123.

138 Nisbet, E.K., Shaw, D. & Lachanche, D.G. (2020): Connectedness with nearby nature and well-being. In: Frontiers in Sustainable Cities 2, 18, 1–13.

139 Ulrich, R. et al (1991): Stress recovery during exposure to natural and urban environments. In: Journal of Environmental Pschology 11, 201–230.

140 Kaplan, S. (1995): The restorative benefits of nature – Toward an integrative framework. In: Journal of Environmental Psychology 15, 169–182.

hektische Großstadtszenen gezeigt: Eine mehrspurige Straße, verstopft von Autos. In der ersten Gruppe verlangsamte sich der Pulsschlag zügiger, die für Stress typische Muskelspannung löste sich schneller, auch die Herzschlagfrequenz nahm rapider ab als in der zweiten Gruppe. Zum gleichen Befund gelangten japanische Forscher, die Studierende motivierten, teils meditativ durch einen Wald zu spazieren und auf einer Sitzbank die Bäume ruhig zu betrachten, teils durch eine Innenstadt zu bummeln und eine stark befahrene Straße zu beobachten. Wer sich in der Natur aufgehalten hatte und diese ruhig auf sich wirken ließ, hatte weniger Cortisol im Speichel, das, wenn im Übermaß vorhanden, Zivilisationskrankheiten begünstigt.[141] Männer und Frauen, die als Kinder häufig draußen umhertollten, auch als Erwachsene regelmäßig die Laufschuhe schnürten und sich der Natur näher fühlten, erfreuten sich an einer besseren Herzschlagvariabilität, günstigeren Blutdruckwerten und an mehr Stressresistenz.[142]

Gemäß der Theorie der Wiederherstellung der Fähigkeit zur Aufmerksamkeit kann diese jeweils willentlich gerichtet sein, so beim Korrekturlesen darauf, Fehler zu finden. Dies ermüdet unweigerlich. Anders, wenn ein Strand betrachtet wird, die Wogen, die Möwen vor der untergehenden Sonne. Aufmerksamkeit wird intensiviert, ohne dass dafür ein Willensakt erforderlich wäre. Schon der Nationalparkgründer Law Olmsted (1822–1903) schrieb, Naturlandschaften würden den Geist beruhigen und ihn zugleich beleben,[143] was sich auch physiologisch günstig auswirkt.

Eine große Studie zu Naturverbundenheit und Gesundheit führten Piccininni und ihre Mitarbeiter*innen mit 29‘784 kanadischen Jugendlichen durch.[144] Ein Drittel von ihnen litt unter häufigen psychosomatischen

141 Park, B.J. et al (2007): Physiological effects of Shinrin-yoku (Taking in the Atmosphere of the forest) – using salivary and cerebral activity as indicators. In: Journal of the Physiological Anthropology 26, 123–128.

142 Wood, C.J. & Smyth, N. (2020): The health impact of nature exposure and green exercise across the life course: a pilot study: In: International Journal of Environmental Health Research 30, 226–235.

143 Kaplan (Anm. 140), 174.

144 Piccininni, C. et al (2018): Outdoor play and nature connectedness as potential correlates of internalized mental health symptoms among Canadian adolescents. In: Preventive Medicine 112, 168–175.

Beschwerden wie Nervosität, Kopf- und Rückenschmerzen. Diese hielten Naturverbundenheit für deutlich weniger wichtig als die Gesunden und waren auch seltener draußen, 40 Prozent von ihnen eine Stunde die Woche, während nur acht Prozent der Symptomfreien Stubenhocker waren. Wie sehr der Aufenthalt im Freien, bestenfalls in Bewegung, die Gesundheit schützt und stärkt, ist in zahlreichen Überblicksdarstellungen überzeugend dokumentiert.[145] Mindestens 120 Minuten pro Woche zu Erholungs- oder Sportzwecken draußen in der Natur zu sein, geht gemäß der großen Untersuchung von White an 19‘806 Brit*innen mit guter Gesundheit und Wohlbefinden einher,[146] aber auch mit besserer Kognition.

2.5.3 Naturverbundenheit steigert geistige Fähigkeiten

Studierende hatten eine Woche unterschiedlich verbracht. Eine erste Gruppe durchstreifte die Wildnis, eine zweite besuchte eine hektische Großstadt, und eine dritte blieb zuhause. Hernach nahmen alle an einem Test teil, in dem sie Korrektur lasen. Mit Abstand am besten schnitten jene ab, die aus der unberührten Natur zurückgekommen waren.[147] Kontakt mit Natur stärkt die Konzentrationsfähigkeit. Berman, Jonides und Kaplan teilten Studierende auf zwei Gruppen auf.[148] Die erste wanderte eine Stunde lang durch einen beschaulichen Park, die zweite durch eine lärmige City. Hernach bearbeiteten alle einen Konzentrationstest, in welchem sie Wörter, die ganz kurz eingeblendet wurden, rückwärts buchstabieren mussten. Wer zuvor im Grünen war, tat dies schneller und treffsicherer.

145 Twohig-Bennett, C. & Jones, A. (2018): The health benefits of the great outdoors: A systematic review and meta-analysis of greenspace exposure and health outcomes. In: Environmental Research 166, 628–637; Barton, J. (Ed.) (2016): Green exercise: Linking nature, health and well-being, London: Routledge.

146 White, M. et al (2019): Spending at least 120 minutes a week in nature is associated with good health and wellbeing. In: Scientific Reports 9, 7730, 1–11.

147 Kaplan, R. & Kaplan, S. (1989): The experience of nature: A psychological perspective, New York: Cambridge University Press.

148 Berman, M.G., Jonides, J. & Kaplan, S. (2015): The cognitive benefits of interaction with nature. In: Psychological Science 19, 1207–1212.

Häufiger Kontakt mit Natur und die Verbundenheit mit ihr steigern auch die Gedächtniskapazitäten, was kognitive Fähigkeiten verbessert. Studierende, nachdem sie Gedächtnistests absolviert hatten, wurden entweder gebeten, eine Stunde lang über eine blumige Wiese zu spazieren, oder ebenso lang durch ein graues Industrieviertel. Nach ihrer Rückkehr wurden die Tests wiederholt. Die Wiesengänger erreichten mehr Punkte als bei der ersten Testung, aber auch mehr als ihre Kommilitonen.

Naturverbundenheit begünstigt ganzheitliches Denken, das größere Zusammenhänge zu begreifen versucht, etwa welche Funktion Krokusse im Ökosystem haben. Analytisches Denken hingegen würde die Blumen in alle Details sezieren. Unterschieden werden Denkstile auch danach, ob sie konventionell oder innovativ sind. Leong, Fischer und McClure fanden bei 140 Studierenden: Je enger sie sich mit der Natur verbunden fühlten, desto stärker favorisierten sie innovative und ganzheitlich-holistische Denkweisen im Sinne von: „Alles im Universum ist miteinander verbunden".[149] Offensichtlich entsteht Symmetrie zwischen Denken und Natur, wenn Menschen diese auf sich wirken lassen und mit ihr verbunden sind.

Auch Kreativität wird durch Naturverbundenheit gefördert. Viele schöpferische Menschen hielten sich oft im Freien auf, Van Gogh auf den verwilderten Feldern der Camargue, Goethe in den Berner Alpen, Richard Strauß am Altaussee mit der kraftstrotzenden Felswand des Ahornkogels, wo ihm Motive zur Alpensymphonie zufielen. Kreativität ist die Fähigkeit, Neues zu entwickeln, das als nützlich eingestuft wird. Gemessen wird sie oft mit Assoziationstests: „Welches Wort passt zu jedem dieser drei Begriffe: Humor, Pech, Nacht?" Richtig ist: „Schwarz". Die Psychologen Atchley, Strayer und Atchley legten zwei Gruppen von Studierenden einen solchen Test vor.[150] Die erste bearbeitete ihn auf dem Campus. Die zweite wurde zu einer viertägigen Rucksacktour in die Wildnis eingela-

---

149 Leong, L. Fischer, R. & McClure, J. (2014): Are nature lovers more innovative? The relationship between connectendness with nature and cognitive styles. In: Journal of Environmental Psychology 40, 57–63.

150 Atchley, R.A., Strayer, D.L. & Atchley, P. (2012): Creativity in the wild: Improving creative reasoning through immersion in natural settings. In: Plos ONE 7, e51474, 1–3.

den und löste die Aufgaben nach der Rückkehr signifikant besser als die Kommiliton*innen, die in den Unigebäuden geblieben war.

Warum beflügelt das Verweilen in der Natur Kreativität? Lichtenfeld und Mitarbeiter*innen vermuten, die in der Natur häufige Farbe grün erleichtere schöpferische Leistung.[151] „Green" entstamme dem Verb „grow", wachsen, und symbolisiere nicht nur Hoffnung, sondern auch Leben und Fruchtbarkeit. Sie teilten ihre Versuchspersonen auf zwei Gruppen auf. Die erste sah am Bildschirm einen grünen Farbton, die zweite einen weißen. Hernach bearbeiteten sie einen Kreativitätsstest, bei dem jene Studierende, die mit grün stimuliert worden waren, signifikant mehr neue Ideen entwickelten.

Eine weitere Erklärung schlagen Oppezzo und Schwartz vor.[152] Körperliche Bewegung, speziell Wandern, erleichtere divergentes Denken, das offener, experimentierfreudig und kreativer ist als das konvergente Denken, das jeweils fokussiert, analysiert und eine einzige Lösung anstrebt. Dies bestätigten sie in vier Experimenten, und damit auch eine Überzeugung von Friedrich Nietzsche, der im Engadin tagelang um den Silsersee wanderte: „Das Sitzfleisch ist gerade die *Sünde* wider den heiligen Geist. Nur die *ergangenen* Gedanken haben Wert."[153] Bewegung bewegt das Denken und stimuliert das assoziative Gedächtnis, was originelle Einfälle erleichtert.

Der kognitiven Leistungsfähigkeit abträglich ist ADHS, wovon sechs Prozent aller Kinder dergestalt betroffen sind, dass professionell interveniert werden muss – Tendenz steigend.[154] Jungen und Mädchen, wenn sie

---

151 Lichtenfeld, S. et al (2012): Fertile green: Green facilitates creative performance. In: Personality and Social Psychology Bulletin 38, 784–797.

152 Oppezzo, M. & Schwartz, D.L. (2014): Give your ideas some legs: The positive effect of walking on creative thinking. In: Journal of Experimental Psychology 40, 1142–1152.

153 Nietzsche, F. (1955): Werke in drei Bänden, hg. von K. Schlechta, München: Hanser, Band 2, 947.

154 Göbel, K. (2018): ADHS bei Kindern und Jugendlichen in Deutschland – Querschnittergebnisse aus KiGGS Welle 2 und Trends. In: Journal of Health Monitoring · 2018 3(3)DOI 10.17886/RKIGBE2018078, 1–8.

häufiger im Grünen verweilen und mit der Natur verbunden sind, leiden seltener an Aufmerksamkeitsstörungen.[155]

2.5.4 Naturverbundenheit motiviert zu umweltschonendem Verhalten

Die meisten Menschen wissen, dass der massiv angestiegene CO²-Ausstoß Mutter Erde zum Schwitzen bringt, dass Wale verenden, weil ihre Mägen wegen des geschluckten Plastiks platzen. Und doch fahren viele mit dem Auto in die 500 Meter entfernte Bäckerei und kaufen Früchte und Gemüse in Plastik eingeschweißt. Was aber könnte Menschen wirklich motivieren, das ihnen Mögliche zu tun, um die Natur zu schonen? Verbundenheit mit ihr, wie sie John See, ein Umweltaktivist, prägnant ausdrückte:

> *„Ich bemühte mich, mir klar zu werden, dass nicht ich den Regenwald zu schützen versuche. Vielmehr bin ich ein Teil des Regenwaldes, der sich selber schützen will.“*[156]

Die Ökopsychologen Whitmarsch und O'Neill erhoben, wie naturverbunden sich 550 Brit*innen fühlen und was sie tun, um die Umwelt zu schonen.[157] Am häufigsten: Lichter löschen, recyceln, während des Zähneputzens den Wasserhahn abdrehen – weil sonst zehn Liter in die Kanalisation fließen –, kürzere Distanzen zu Fuß gehen, öffentliche Verkehrsmittel benutzen. Seltener ist die Installation erneuerbarer Energiesysteme, der Verzicht auf Flugreisen und Fleisch. Aber bei allen Möglichkeiten ist die Frequenz höher, wenn sich die Menschen mit der Natur tiefer verbunden fühlen. Dies fanden, bei 210 Personen, auch die Transpersonalen Psychologen Hoot und Friedmann.[158] Naturverbundene

---

155 Kuo, F. & Faber Taylor, A. (2004): A potential natural treatment for attention-deficit/hyperactivity disorder: Evidence from a national study. In: American Journal of Public Health 94, 1580–1586.

156 Macy, J. (1991): World as lovers, world as self, Berkeley: Parallax Press, 184.

157 Whitmarsh, L. & O'Neill, S. (2010): Green identity, green living? The role of proenvironmental self-identity in determining consistency across diverse proenvironmental behaviours. In: Journal of Environmental Psychology 30, 305–314.

158 Hoot, R.E. & Friedman, H. (2011): Connectedness and environmental behavior: Sense of interconnectedness and pro-environmental behavior. In: International Journal of Transpersonal Studies 30, 89–100.

wählten wahrscheinlicher grüne Politiker*innen, kauften schonend hergestellte Produkte, reisten öfters mit Bus oder Bahn. Ökologisches Verhalten wird auch durch Zukunftsorientierung begünstigt, wenn bedacht wird, wie sich unser Tun auf die Umwelt auswirkt.

Es gibt Landwirte, die aus ihrem Land so viel Geld wie möglich herauspressen, indem sie Intensivanbau betreiben und reichlich Kunstdünger ausstreuen. Aber auch solche, die schonend wirtschaften und sich um Biodiversität bemühen, indem sie Naturwiesen belassen und Hecken anpflanzen. Letzteres ist wahrscheinlicher, wenn sie sich generell mit der Natur verbunden fühlen und eine starke Bindung zu ihrem Grund und Boden aufgebaut haben, den sie für die nächsten Generationen erhalten wollen.[159]

Schon in jungen Jahren fördert Naturverbundenheit umweltschonendes Verhalten, was umso bedeutsamer ist, als die Kinder von heute die Verantwortlichen von morgen sind. Cheng und Monroe erfragten bei 1'432 Schulkindern zum einen Naturverbundenheit – mit Items wie „Menschen sind ein Teil der Natur" –, zum anderen, wie bereit sie sind, Müll zu trennen etc.[160] Je tiefer die Naturverbundenheit, desto höher die ökologische Handlungsbereitschaft, die aber auch durch das Beispiel der Eltern gefördert wird, mehr noch durch häufiges Verweilen im Freien. Ein junger Umweltaktivist:

> *„Wie ich Kind war, erwarb meine Familie eine kleine Hütte an einem See in den Bergen von Colorado. Ich verbrachte viel Zeit in den Wäldern, fütterte Vögel und Eichhörnchen. Dies machte mich zu einem Fürsprecher der Tiere und der Natur."*[161]

Auch eine 12 Jahre umfassende Längsschnittstudie belegte: Sechsjährige, die die meiste Zeit draußen spielten, waren als Achtzehnjährige umwelt-

---

159 Gosling, E. & Williams, K.J. (2010): Connectedness to nature, place attachment and conservation behavior: Testing connectedness theory among farmers. In: Journal of Environmental Psychology 39, 298–304.
160 Cheng, J. & Monroe, M. (2012): Connection to nature: Children's affective attitude toward nature. In: Environment and Behavior 44, 31–49.
161 Aus Wells, N. & Lekies, K. (2006): Nature and the life course: Pathways from childhood nature experience to adult environmentalism. In: Children, Youth and Environment 16, 1–24, hier 1.

bewusster.[162] Einer verantwortungsvollen ökologischen Haltung förderlich ist auch, wenn Kinder in einem guten Sinne autoritativ erzogen werden, indem die Eltern klare Grenzen setzen und sich zugleich empathisch um ihr Wohlergehen kümmern. Kinder, die autoritär und wenig einfühlsam erzogen wurden, waren gemäß einer Studie mit 797 spanischen Jugendlichen weniger naturverbunden, ebenfalls jene, deren Eltern sie vernachlässigten.[163] Selber Empathie erfahren zu haben, begünstigt, sich selber einzufühlen, in andere Menschen, Tiere, die Natur.

Insgesamt: Es gibt „überzeugende Beweise für einen starken Zusammenhang zwischen Naturverbundenheit und umweltfreundlichem Verhalten" – so Mackay und Schmitt in ihrer Metaanalyse.[164] Offen ist die Frage der Kausalität. Schonen Menschen die Natur, weil sie sich mit ihr verbunden fühlen? Oder wächst Naturverbundenheit aufgrund einer ökologischen Lebensweise? Am wahrscheinlichsten ist wechselseitige Beeinflussung.

Verbundenheit ist nicht nur mit der ökologischen Umwelt einzugehen, sondern auch mit der sozialen Mitwelt.

---

162 Evans, G.W., Otto, S. & Kaiser, F.G. (2018): Childhood origins of young adult environmental behavior. In: Psychological Science 29, 679–687.

163 Musitu-Ferrer, D. et al (2019): Relationships between parental socialization styles, empathy and connectedness with nature: Their implications in environmentalism. In: International Journal of Environmental Research and Public Health 16, 2461, 1–20.

164 Mackay, C. & Schmitt, M. (2019): Do people who feel connected to nature do more protect it? A metaanalysis. In: Journal of Environmental Psychology 65, 101323.

Drittes Kapitel

3. Soziale Verbundenheit

Jean-Jacques Rousseau (1712–1778), einer der anregendsten Literaten, dachte auch darüber nach, wie unsere Vorfahren lebten. Seiner Meinung nach: Zumeist allein. „Ohne jedes Bedürfnis nach seinen Mitmenschen" sei der edle Wilde durch die Wildnis gestreift, frei, nicht durch Besitz belastet, nicht in Konkurrenz mit Anderen.[165] Aber wie kam es zu Kindern? „Männchen und Weibchen vereinigten sich zufällig, je nach der Gelegenheit und dem Verlangen … Mit der gleichen Leichtigkeit gingen sie auseinander."[166]

Diese Schilderung des „Naturzustandes" ist einer der größten Irrtümer des Vordenkers der Französischen Revolution. Solitär hätte der edle Wilde nicht überlebt. Möglich war dies nur in Gruppen, denen um die 150 Menschen angehörten, die gewiss auch stritten, aber sich häufiger solidarisch verhielten. Die Gruppengröße von gut 150 Menschen scheint universal.[167] In etwa so viele gehörten den Clans unserer Vorfahren an, bevölkerten im Mittelalter einen Weiler, leben in den noch verbliebenen Jäger- und Sammlerstämmen, bilden seit den Römern und bis heute eine militärische Einheit und finden sich aktuell in den Netzwerken sozialer Medien zusammen.[168]

Dem Menschen wurden schon unterschiedlichste Basismotive unterstellt, die hinter all seinem Trachten und Treiben wirken. In mythischen Zeiten war es das Streben nach Ruhm wie bei Achilles, für den Philosophen Aristippos die Lust, für Nietzsche der Wille zur Macht, für viele Händler

---

165 Rousseau, J.J. (1984): Diskurs über die Ungleichheit, Paderborn: Schöningh, 161.
166 Rousseau (Anm. 165), 119.
167 Dunbar, R.I. (1993): Coevolution of neocortical size, group size and language in humans. In: Behavioral and Brain Science 16, 681–693.
168 Dunbar, R.I. et al (2015): The structure of online social networks mirrors those in the offline world. In: Social Networks 43, 39–47.

die Habgier, für viele Gläubige die Sehnsucht nach dem Himmel, bzw. die Angst vor der Hölle, für viele Zeitgenossen das Streben nach Glück.

Aber eines der tiefsten menschlichen Bedürfnisse wurde selten ins Rampenlicht gestellt: Das nach Zugehörigkeit und Verbundenheit.[169] Wer will nicht irgendwie irgendwo dabei sein: an einem Stammtisch, beim Kaninchenzüchterverein, an einer Weihnachtsfeier? Schon Aristoteles definierte den Menschen als „zoon politikon", als staatsbildendes Lebewesen, das nicht autark zu leben vermag. Wer keine Gemeinschaft brauche, sei ein „wildes Tier oder Gott".[170]

Das Kapitel beginnt mit zwei Trends die Besorgnis erregen: Zusehends mehr Menschen fühlen sich nicht mit ihresgleichen verbunden, sondern sozial isoliert. Einsamkeit sei die „jüngste globale Gesundheitsepidemie",[171] in den Lockdowns erst recht. Zugenommen habe auch die narzisstische Fixierung auf das Ego (Abschnitt 3.1). Soziale Verbundenheit kann danach differenziert werden, ob sie intim ist (Liebes- und Ehepaare) (Abschnitt 3.2), relational, bezogen auf Familienangehörige und engere Freunde (3.3), und schließlich kollektivistisch, bis hin zur Menschheit als ganzer (3.4).[172]

---

169 Baumeister & Leary (Anm. 2)
170 Aristoteles (1971): Politik, Zürich: Artemis Verlag, 66 f.
171 Lee, E.E. et al (2019): High prevalence and adverse health effects of loneliness in community-dwelling adults across the lifespan: role of wisdom as a protective factor. In: International Psychogeriatrics 10, 1447–1462. Auf doi:10.1017/S1041610218002120
172 Hawkley, L.C., Browne, M.W. & Cacioppo, J.T. (2005): How can I connect with thee? Let me counts the ways. In: Psychological Science 16, 798–804.

3.1 Ein Zeitalter der Einsamkeit und des Narzissmus

3.1.1 Einsamkeit schmerzt und wird häufiger

Craig wurde von seiner Frau verlassen, die auch den gemeinsamen Sohn mitnahm:

> *„Es war, wie wenn das Herz herausgerissen worden wäre. Die ersten Monate saß ich nur im Haus herum, völlig in mich zusammengefallen. Das Haus war entsetzlich leer. Ich fühlte mich elendiglich einsam.“*[173]

Einsamkeit wird als das Leiden daran definiert, entweder zu wenige oder zu seichte Sozialbeziehungen zu haben.[174] Von daher ist es sinnvoll, soziale Einsamkeit – wenn jemand in eine fremde Stadt zieht – und emotionale Einsamkeit zu unterscheiden, wenn sich eine Frau neben ihrem schlafenden Mann wälzt, der ihr fremd geworden ist.[175] Menschen können sich inmitten von ihresgleichen einsam fühlen, etwa wenn ein Mann am Strand liegt, um ihn herum zärtliche Paare, was seinen Schmerz nur vermehrt. Umgekehrt können sich Menschen geborgen fühlen, wenn sie allein sind, so der Chansonnier Moustaki: „Non, je ne suis jamais seul, avec ma solitude“ (Nein, ich bin nicht allein mit meiner Einsamkeit).

Einsamkeit hat evolutionäre Wurzeln.[176] Sie ist ein Alarmsignal, dass die sozialen Beziehungen beeinträchtigt sind, was in Gefahr bringt. Ein Zebra, alleine in der Savanne, wird wahrscheinlicher von Löwen gerissen, als wenn es mitten in der Herde ist. Wurde jemand aus den Gruppen unserer jagenden und sammelnden Vorfahren ausgeschlossen, war er todgeweiht. Von daher versteht sich, dass Einsamkeit bitter schmerzen kann:

---

173 Cox, J. (2017): Jo Cox Loneliness start a conversation. Combatting loneliness one conversation at time. A call to action. In: https://www.ageuk.org.uk/globalassets/age-uk/documents/reports-and-publications/reports-and-briefings/active-communities/rb_dec17_jocox_commission_finalreport.pdf, 6 (20.8.2021)

174 Cacioppo, J.T. & Patrick, W. (2011): Einsamkeit. Woher sie kommt, was sie bewirkt, wie man ihr entrinnt, Heidelberg: Spektrum Akademischer Verlag.

175 Weiss, R.S. (1973): Loneliness: The experience of emotional and social isolation, Cambridge: The MIT Press.

176 Cacioppo, C.A., Cacioppo; S. & Boomsma, S. (2014): Evolutionary mechanism for loneliness. In: Cognition & Emotion 28, 3–21.

„Die Einsamkeit war wie ein schweres Gewicht in meinem Kopf und auf meinen Schultern, sie war ein Brennen in meiner Kehle, eine Mauer von erstarrten Tränen hinter meinen Augen, ein lautloser Schrei von Schmerz in einer Welt ohne Mitgefühl. Sie war Finsternis, Kälte und Angst vor Tod und gänzlichem Vergessenwerden.“[177]

Langanhaltende Einsamkeit kränkt. Auch im Tierreich. Fruchtfliegen, wenn allein eingesperrt, sterben früher. Bei einsamen Schweinen wurden höhere Cortisolspiegel und weniger Lymphozyten festgestellt, Anzeichen für ein geschwächtes Immunsystem.[178] Erst recht bei den Menschen. Ältere Personen, unter fehlenden Sozialkontakten leidend, haben ein doppeltes Sterblichkeitsrisiko.[179] Einsame sind gefährdeter für Bluthochdruck[180] und schlafen schlechter.[181] Erfahren Menschen soziale Zurückweisung, aktiviert dies den anterioren zingulären Kortex, der auch dann feuert, wenn wir mit dem Hammer den Daumennagel treffen.[182] Das Schmerzmittel Acetaminophen schwächt Einsamkeit ab.[183]

Einsamkeit ist eine existenzielle Bedrohung, in der Menschen Wachsamkeit für mögliche soziale Ausgrenzung entwickeln, die leicht zu Misstrauen wird. In diesem gefangen, neigen Einsame dazu, pessimistisch über andere zu denken und ihnen weniger freundlich zu begegnen. Einsam-

177 Rockach, A. (2019): The psychological journey to and from loneliness: Development, causes, and effects of social and emotional isolation, Amsterdam: Elsevier Science.
178 Cacioppo, J.T. & Cacioppo, S. (2014): Social relationships and health: The toxic effects of perceived social isolation. In: Social and Personality Psychology Compass 8, 58–72.
179 Steptoe, A. et al (2013): Social isolation, loneliness, and all-cause mortality in older men and women. In: Proceedings of the National Academy of Sciences 110, 5797–5801.
180 Hawkley, L.C. et al (2010): Loneliness predicts blood pressure: Five years cross-lagged analyses in middle-aged and older adults. In: Psychology and Aging 25, 132–141.
181 Kurina, L.M. et al (2011): Loneliness is associated with sleep fragmentation in a communal society. In: Sleep 34, 1519–1526.
182 Eisenberger, N.I. & Lieberman, M.D. (2004): Why rejection hurts. A common neural alarm system for physical and social pain. In: Trends in Cognitive Sciences 8, 294–300.
183 DeWall, C.N. et al (2010): Acetaminophen reduces social pain: behavioral and neural evidence. In: Psychological Science 21, 931–937.

keit kann auch Neid auf jene wecken, die sich umarmen und über alles reden können. Misstrauen, Unfreundlichkeit und Neid lassen Menschen als wenig attraktiv erscheinen, sodass ihnen zurückhaltend begegnet wird, was die Einsamen in ihrer pessimistischen Weltsicht bestätigt – ein Teufelskreis.[184]

Einsamkeit wurde in den letzten Jahrzehnten häufiger. In den 1970er-Jahren hätten sich in der westlichen Welt zwischen zehn und 17 Prozent der Bevölkerung einsam gefühlt; um 2010 40 Prozent.[185] Im Jahre 1985 räumten zehn Prozent von repräsentativ befragten Amerikaner*innen ein, niemanden zu haben, mit dem sie über alles reden können. Zwanzig Jahre später war es jede/r vierte.[186] Gemäß einer im Jahre 2019 durchgeführten Studie in der Bundesrepublik leiden vier Prozent „ständig" unter Einsamkeit, 13 Prozent „häufig", 30 Prozent „manchmal", mehr als im Jahre 2017.[187] Entgegen dem gängigen Bild der vereinsamten Pensionist*innen sind Jugendliche und junge Erwachsene häufiger einsam, die noch nicht 30-Jährigen zu 23 Prozent, die über 60-Jährigen elf Prozent. Die Lockdowns haben diese Quoten massiv erhöht.

Warum mehr Einsamkeit in den letzten Jahrzehnten, während zeitgleich die sozialen Medien expandierten? Als ursächlich wird der gesteigerte Individualismus diskutiert,[188] aber auch tiefgreifende Veränderungen in der Lebens- und Arbeitswelt. Zusehends mehr Menschen arbeiten allein vor dem Bildschirm, im Home-Office ohne einen Kaffeeklatsch in der Vormittagspause. Das ist ein anderes Lebensgefühl, als wenn Zimmerleute gemeinsam einen Balken auf den Dachfirst hochziehen und danach mit

---

184 Cacioppo, J.T. & Hawkley, L.C. (2005): People thinking about people: The vicious cycle of being a social outcast in one's mind. In: K.D. Williams (Ed.): The social outcast, East Sussex: Psychology Press 91–108.

185 Cacioppo, S. et al (2015): Loneliness: Clinical import and intervention. In: Perspectives on Psychological Science 10, 238–249.

186 McPherson, M., Smith-Lovin, L. & Brashears, M. (2006): Social isolation in America: Changes in core discussion networks over two decades. In: American Sociological Review 71, 353–375.

187 Splendid Research (2019): Wie einsam fühlen sich die Deutschen? Eine repräsentative Umfrage unter 1.006 Deutschen zum Thema Einsamkeit. In: https://www.splendid-research.com/de/studie-einsamkeit.html (20.8.2021)

188 Cacioppo & Patrick (Anm. 174), 67 f.

einem Bier anstoßen. Zugenommen hat auch die Anzahl der Singlehaushalte: In der Bundesrepublik von 11,9 Millionen im Jahre 1991 auf 17,3 Millionen im Jahre 2018, wobei das Wohnen in einem Einpersonenhaushalt nicht zwingend Einsamkeit bewirkt, diese aber doch begünstigt.[189] Und nicht zuletzt: Der sozialen Verbundenheit abträglich ist ein Phänomen, von dem konstatiert wurde, „epidemisch" auszuufern: Narzissmus.[190]

3.1.2 Mehr Ich als Wir: Narzissmus

Der Psychoanalytiker Otto Kernberg berichtet von einem zwanzigjährigen Mann, der wegen einer schweren Depression in seine Praxis kam.[191] Diese wurde ausgelöst, weil er in einem Mathematiktest nur zweiter wurde. Er wähnte, in Mathematik der beste zu sein. Auch in seinen nur kurzen Beziehungen mit Frauen wollte er stets der Beste sein, speziell beim Sex, was keine innige Verbundenheit aufkommen ließ. Kernberg stellte die Diagnose „narzisstische Persönlichkeit", die vom normalen Narzissmus zu differenzieren sei. Die amerikanische Psychiater*innenvereinigung charakterisierte die narzisstische Störung so:[192] Ein grandioses Gefühl der eigenen Wichtigkeit, der Glaube, einzigartig zu sein, ein starkes Verlangen nach übermäßiger Bewunderung, in Beziehungen ausbeuterisch, kaum Empathie, sodass Verbundenheit nur schwer entstehen kann.

Schon in den 1970er-Jahren entwickelten Raskin und Hall ein Instrument, um diesen Narzissmus zu messen. Es besteht aus 40 Aussagen wie: „Ich bin eine außergewöhnliche Persönlichkeit", „Ich mag es, mich im Spiegel zu betrachten".[193] In den 1980er-Jahren stimmten 19 Prozent der

---

189 https://de.statista.com/statistik/daten/studie/873814/umfrage/umfrage-unter-deutschen-zur-haeufigkeit-von-einsamkeit-nach-beziehungsstatus/ (20.8.2021)

190 Twenge, J.M. & Campbell, W.K. (2009): The narcissism epidemic: Living in the age of entitlement, New York: Free Press.

191 Kernberg, O.F. (2010): Die narzisstische Persönlichkeit und ihre Beziehung zu antisozialem Verhalten und Perversionen – pathologischer Narzissmus und narzisstische Persönlichkeit. In: O.F. Kernberg & H.P. Hartmann (Hg.): Narzissmus. Grundlagen – Störungsbilder – Therapie, Stuttgart: Schattauer, 263–307.

192 DSM-5 (2015): Diagnostische Kriterien DSM-5, hg. von P. Falkai & H.U. Wittchen, Göttingen: Hogrefe, 369.

193 Raskin, R.N. & Hall, C.S. (1979): A narcissist personality inventory. In: Psychological Reports 45, 590.

Befragten mehr als der Hälfte der Items zu. Ein Vierteljahrhundert später waren es 35 Prozent – nahezu eine Verdoppelung.[194] Junge Männer sind stärker von ihrer Grandiosität überzeugt als junge Frauen, möglicherweise aufgrund von Genderstereotypen: Der draufgängerische Kerl.

Jüngere Menschen sind nicht nur häufiger einsam, sondern auch häufiger narzisstisch. Von 40 möglichen Narzissmuspunkten wiesen Studierende 16 auf, Großeltern die Hälfte.[195] Werden Menschen mit steigendem Alter besser fähig, vom Ego abzusehen und Verbundenheit einzugehen? Für diese Deutung spricht die Theorie der Gerotranszendenz von Lars Tornstamm, gemäß der im Alter die Selbstzentrierung zurückgehe und die Verbundenheit wachse, nicht nur mit wichtigen Bezugspersonen, sondern auch mit den vorausgegangenen Generationen, ohne die wir nicht wären.[196] Aber könnte es sich beim altersmäßigen Rückgang von Narzissmus nicht um einen Kohorteneffekt handeln? Demnach wären die zukünftigen Bewohner*innen von Altersheimen stärker auf sich selbst fixiert. Für diese Sicht sprechen gesamtgesellschaftliche Entwicklungen, speziell die Zunahme an Individualismus, was Christopher Lasch schon in den 1970er-Jahren bewog, ein „Zeitalter des Narzissmus" zu diagnostizieren.[197]

In den letzten Jahrzehnten erfolgte eine bezeichnende Veränderung in der Häufigkeit von Pronomen in amerikanischen Büchern. Mit extrem leistungsstarken Rechnern analysierten Twenge, Campbell und Gentile, wie häufig in 766'513 Publikationen, die zwischen 1980 und 2008 erschienen waren, „ich" und „mir" (individualistisch) abgedruckt wurde, und wie häufig „wir" und „uns" (kollektivistisch).[198] In den knapp fünfzig Jah-

---

194 Twenge, J.M. & Foster, J.D. (2010): Birth cohort increases in narcissistic personality traits among American college students, 1982–2009. In: Social Psychology and Personality Science 1, 99–106, hier 101.

195 Roberts, B.W., Edmonds, G. & Grijalva, E. (2010): It is developmental me, not Generation Me: Developmental changes are more important than generational changes in narcissism. In: Perspectives on Psychological Science 5, 97–102.

196 Tornstamm, L. (2005): Gerotranscendence: A developmental theory of positive aging, New York: Springer.

197 Lasch, C. (1980): Das Zeitalter des Narzissmus, München: dtv.

198 Twenge, J.M., Campbell, W.K. & Gentile, B. (2012): Changes in pronoun use in American books and the raise of individualism, 1960–2008. In: Journal of Cross-Cultural Psychology 44, 406–415.

ren ging die Häufigkeit von „wir“ und „uns“ um zehn Prozent zurück, die von „ich“ und „mir“ stieg um 42 Prozent an. Es sei eine „Generation me“ herangewachsen.[199]

Narzisstische Facetten zeigen sich auch in den expandierenden sozialen Medien, in die sich die „Look at me-Generation“ einloggt.[200] Burschen präsentieren sich mit gestählten Muskeln und in coolen Posen, Mädchen mit knallroten Lippen, langen Wimpern und tiefem Dekolleté, um so viele Likes wie möglich zu erhaschen. Zwei Drittel der Mädchen gaben in einer repräsentativen Befragung an, sich vor einem Selfie Make up aufzutragen und die Haare zu stylen. Ein Drittel möchte berühmt werden.[201] Narzissmus und Berühmtheit hängen eng zusammen. 200 Promis stellten sich als narzisstischer heraus als ebenso viele zufällig ausgewählte Studierende, Frauen noch mehr als Männer, Stars im Reality TV mehr als Musiker.[202]

Narzissten können sich nur schwer in andere einfühlen, wenn überhaupt. Eltern, die ihre Kinder misshandelten, stellten sich als überdurchschnittlich narzisstisch heraus, und zugleich als unterdurchschnittlich empathisch.[203] Verhielten sich Kinder anders als von ihnen gewollt, fühlten sie sich nicht in diese ein, sondern sahen darin einen Angriff auf ihre Autorität. In einer gründlichen Metaanalyse fanden Konrath, O'Brien und Hsing, dass zwischen 1979 und 2008 die Werte auf der Skala „Mitfühlende Sorge“ (typisches Item: „Ich verspüre oft zärtliche Empfindungen

---

199 Twenge, J.M. (2006): Generation Me: Why today's young Americans are more confident, assertive, entitled – and more miserable than ever before, New York: Free Press.

200 Mallan, K.M. (2009): Look at me! Look at me! Self-representation and self-exposure through online networks. In: Digital Culture and Education 1, 51–56.

201 Generation Selfie. Von planung&analyse In: https://www.horizont.net/planung-analyse/nachrichten/Online-Special-Zielgruppe-Die-Generation-Selfie-165332 (16.6.2020)

202 Young, S.M. & Pinsky, D. (2006): Narcissism and celebrity. In: Journal of Research in Personality 40, 463–471.

203 Wiehe, V.R. (2003): Empathy and narcissism in a child abuse perpetraters and a comparison sample of foster parents. In: Child Abuse and Neglect 27, 541–555.

für Menschen, die weniger Glück hatten als ich") sowie für Perspektivenübernahme kontinuierlich zurückgingen.[204]

Der Empathie abträglich, aber dem Narzissmus förderlich ist Materialismus. 81 Prozent der jüngeren US-Amerikaner*innen zählen zu ihren wichtigsten Lebenszielen, reich zu werden, aber nur 31 Prozent, „anderen zu helfen, wenn sie es nötig haben".[205] Menschen, wenn sie an Geld denken, sind stärker auf sich selbst fixiert, nehmen weniger Hilfe von anderen an und leisten auch seltener solche.[206] Materialistisch eingestellt sind viele Narzissten, wenn sie einen höheren Status anstreben, indem sie sich ins Rampenlicht stellen, etwa mit extravaganter Kleidung, teuren Autos.[207] Oder indem sie Mitmenschen rücksichtslos hintergehen, was auch einer der verheerendsten Narzissten aller Zeiten tat, Adolf Hitler, über den Erich Fromm schrieb: „Er interessierte sich nur für sich selbst, für *seine* Begierden, *seine* Gedanken, *seine* Wünsche."[208]

Wie entsteht Narzissmus in der Lebensgeschichte? Der Psychoanalyse zufolge aufgrund von zu wenig Zuwendung in der frühen Kindheit. Ursächlicher ist jedoch – so eine Längsschnittstudie mit 556 Kindern[209] –, wenn Eltern von ihren Kindern erwarten, die besten zu sein, und ihnen vorgaukeln, sie seien klüger und hinreißender als andere. Um dem ausufernden Narzissmus entgegenzuwirken, rät der Sozialpsychologe

---

204 Konrath, S.H., O'Brien, E.H. & Hsing, C. (2010): Changes in dispositional empathy in American college students over time: A meta-analysis. In: Personality and Social Psychology Review 15, 180–198.

205 Pew Research Center (2007): How young people view their lives, futures, and politicals: A portrait of generation next. In: https://www.people-press.org/2007/01/09/a-portrait-of-generation-next/ (17.6.2020).

206 Vohs, K.D., Mead, N.L. & Goode, M.R. (2006): The psychological consequences of money. In: Science 314, 1154–1156.

207 Grapsas, S. et al (2020): The „why" and „how" of narcissism: A process model of narcissistic status pursuit. In: Perspectives on Psychological Science 15, 150–172.

208 Fromm, E. (1989): Gesamtausgabe, hg. von Rainer Funk, München: dtv. Band VII, 369.

209 Brummelman, E. et al (2014): My child is God's gift to humanity: Development and validation of the Parental Overvaluation (POS). In: Journal of Personality and Social Psychology 108, 665–679.

Brummelman, Kinder nicht in den Himmel zu loben, sondern ihnen realistische Feedbacks zu geben.[210]

Grandiosen Narzissten wird nachgesagt, sich an einem hohen Selbstwert erfreuen zu können. Aber gesunder Selbstwert und Narzissmus unterscheiden sich tiefgreifend. Wer sich selber wertschätzt, hat es nicht nötig, sich stets mit anderen zu vergleichen. Narzissten neigen zu Abwärtsvergleichen, um sich so ihres höheren Status zu vergewissern, wohingegen Personen mit einem hohen Selbstwert ihren Mitmenschen auf gleicher Augenhöhe begegnen.[211] Auch tun sie sich leichter, Kritik anzunehmen. Narzissten empfinden solche als feindselige Bedrohung und fühlen sich genötigt, zurückzuschlagen.[212] Rüpelhaft demonstrierte dies regelmäßig der frühere Präsident der USA, Donald Trump. Entgegen der gängigen Alltagstheorie, ein miserables Selbstwertgefühl entlade sich leicht in Aggressivität, ist es oft narzisstische Selbstliebe, die Gewalt auslöst.[213] Jugendliche Narzissten verhalten sich häufiger delinquent, indem sie fremdes Eigentum beschädigen, etwa Fassaden besprühen.[214]

Für Narzissten besonders störungsanfällig ist der Inbegriff menschlicher Verbundenheit, die Intimität. Narzissten interessieren sich wahrscheinlicher für Partner*innen, die ihren Status erhöhen, Männer für blonde Damen mit viel Sex-Appeal, Frauen für smarte Herren, die nicht zu den Sozialhilfeempfängern gehören und im Cabriolet vorfahren.[215] Weniger attraktiv sind für Narzissten Partner*innen, die fürsorglich und mitfühlend sind. Selbstverliebte Männer und Frauen engagieren sich erwie-

---

210 Brummelman, E. et al (2015): Origins of narcissism in children. In: Proceedings of the National Academy of Sciences 112, 3659–3662.

211 Krizan, Z. & Bushman, B.J. (2011): Better than my loved ones: Social comparison tendencies among narcissists. In: Personality and Individual Differences 50, 212–216.

212 Horton, R.S. & Sedikides, C. (2009): Narcissistic responding to ego threat: When status of the evaluator matters. In: Journal of Personality 77, 1493–1526.

213 Bushman, B.J. & Baumeister, R.F. (1998): Threatened egotism, narcissism, self-esteem, and direct and displaced aggression: Does self-love or self-hate lead to violence. In: Journal of Personality and Social Psychology 75, 219–229.

214 Barry, C.T. et al (2007): The relations among narcissism, self-esteem, and delinquency in a sample of at risk adolescents. In: Journal of Adolescence 30, 933–942.

215 Campbell, W.K. (1999): Narcissism and romantic attraction. In: Journal of Personality and Social Psychology 6, 1254–1270.

senermaßen weniger in ihren Partnerschaften und wenden sich neuen Partner*innen zu, wenn diese attraktiver sind und von ihnen Bewunderung zu erwarten ist.[216] Auch einem der mächtigsten Narzissten blieb Intimität fremd, Adolf Hitler, der einmal sagte: „Intelligente Männer sollten sich eine primitive und dumme Frau nehmen."[217] Mehrere Frauen, die ihm näherkamen, unternahmen aufgrund seiner Gefühlskälte Suizidversuche (Eva Braun zweimal) oder brachten sich um: Geli Raubal. Wirkliche Intimität wird im folgenden Kapitel ausgebreitet.

3.2 „Ein Fleisch": Intime Verbundenheit

„Dein Wuchs gleicht einer Palme und deine Brüste Trauben. Ich sprach: Ich will die Palme besteigen, will greifen nach ihren Rispen."

Werden Personen gefragt, wo dieser Text herkommt, antworten nur wenige richtig: Die Bibel (Hld 7,8). Die Religion, die auf ihr basiert, habe Sexualität nicht hochgeschätzt. Noch in der Generation meiner Großeltern galten Zungenküsse, wenn vor der Hochzeit ausgetauscht, als Todsünde. Da auch Intimität ein Lernprozess ist, der einem evolutionären Skript folgt (Berührung, Umarmung, Kuss, Koitus), kann man erahnen, wie viele Hochzeitsnächte zum Fiasko gerieten, weil nun Pflicht wurde, was zuvor verboten war.

Dem gegenüber würdigen alte schamanistische Traditionen Sexualität als heilig.[218] Die Maori in Neuseeland glaubten, der Himmel sei der Vatergott Rangi, die Erde die Muttergöttin Papa. Aus ihren stetigen Vereinigungen gingen alle Lebewesen hervor.[219] Auch die ägyptische Religion sexualisierte den Kosmos. Die Himmelsgöttin Nut empfange jede Nacht den Samen des Sonnengottes Re. Ein Wandgemälde zeigt, wie Isis vor dem

216 Campbell, W.K. & Foster, C.A. (2002): Narcissism and commitment in romantic relationships: An investment analysis. In: Personality and Social Psychology Bulletin 28, 484–495.

217 Aus Fromm (Anm. 209), VII, 373.

218 Elkins, D. (1998): Beyond religion. A personal program for building a spiritual life outside the walls of traditional religion, Wheaton: The Theosophical Publishing House, 141–166.

219 Bellinger, G.J. (1993): Im Himmel wie auf Erden. Sexualität in den Religionen der Welt, München: Droemer Knaur, 35.

toten Osiris kniet und an ihm Fellatio vollzieht, wodurch er zum Leben erwacht.[220]

Die Abwertung der Sexualität begann nicht erst mit dem Christentum. Gemäß dem jüdischen Gesetz sind Frau und Mann, nachdem er in ihr vergossen hat, unrein bis zum Abend (Lev 15,8). Die Stoiker bevorzugten es, leidenschaftslos zu leben. Die einzige Rechtfertigung von Sex: Nachwuchs. Die Manichäer verdammten den Geschlechtstrieb, weil dieser neue Seelen aus dem Reich des Lichts in die irdische Finsternis herunterziehe. Aber obschon Sexualität zurückgedrängt wurde, brach sie sich immer wieder Bahn, so bei der Nonne Mechthild von Magdeburg: „O du schmelzender Gott in der Vereinigung mit deiner Liebsten, o du an meinen Brüsten ruhender Gott."[221]

In letzter Zeit intensivierten sich die Bemühungen, Spiritualität und Sexualität, weil in beiden Verbundenheit erlebt wird, als Einheit zu sehen. Der Theologe Carr begründete dies biblisch: Mit dem Hohelied der Liebe: „Mein Geliebter gehört mir auf der Weide in den Lotosblumen." (Hld 6,3) Die Transpersonale Psychologin Jenny Wade publizierte eindrückliche Schilderungen, wie intensiv in der Sexualität Verbundenheit werden kann":

> *„Dann löste sich jegliches Gefühl des Getrenntseins auf … Wir waren völlig vermischt in diesem wunderbaren, schmelzenden Tanz. Irgendwie fühlte ich mich als Frau und als Mann. Da war kein Sinn mehr für zwei getrennte Wesen, vielmehr waren wir beide in eine höhere Einheit versunken."*[222]

Nicht nur zwei Körper werden eins, sondern auch Leib und Geist. Eine Frau erzählte, wie sie früher beim Sex gedacht habe, der Mann möge bald fertig sein. Aber nachdem sie einen neuen Partner kennengelernt hatte: „Dieses Mal fühlte ich es mit meinem Körper und mit meinem Geist. Die beiden waren eins."[223] Verbundenheit kann kosmisch werden:

---

220 Bellinger (Anm. 219), 61.

221 Mechthild (2008): Mechthild von Magdeburg: „Das fließende Licht der Gottheit". Eine Auswahl, Stuttgart: Reclam, 25.

222 Wade, J. (2004): Transcendent sex. When lovemaking opens the veil, New York: Paraview Pocket Books, 85.

223 Wade (Anm. 222), 89.

> *„Während wir Liebe machten, spürte ich ein unglaubliches spirituelles Erwachen. Ich hatte das Gefühl, tatsächlich eine höhere Ebene erreicht zu haben, das Gefühl, eins mit dem ganzen Universum zu sein."*[224]

Und theologisch:

> *„Ich öffnete mich für Gott, ich gebe mich Gott anheim und fühle, wie Gott in mich eintritt. Die Energien sind so stark. Es ist eine Mischung von Sehnsucht, Hingabe und überwältigender Freude, und Gott explodiert in mir in unbeschreiblicher Weise."*[225]

Solche Erfahrungen sind von mystischer Qualität: Tiefste Verbundenheit mit Gott und mit allem. Mystisch ist auch der von etlichen Männern und Frauen berichtete Wegfall der Zeit während dem Liebemachen, das „ewige Nun" von Meister Eckehart.[226] Ebenso, mit dem flutenden Geschehen ganz eins zu werden, die „fana" aus dem Sufismus, wenn der Dualismus wegfällt und die Alleinheit erfahren wird.

Transzendenter Sex ist mehr als die Betätigung der Genitalien. Eine 32-Jährige:

> *„Heiliger Sex ist spirituell und findet sich nicht nur im Geschlechtsverkehr. Er ist überall, in allem, was wir sehen, hören, schmecken, berühren, ertasten. Honig ist Sex. Eine frische Erdbeere ist Sex. Leben ist eine heilige sexuelle Erfahrung."*[227]

Solches Erleben kann Menschen nachhaltig verändern. Gesprächspartner*innen in der Studie von MacKnee berichteten von heilsamen Transformationen, Bestärkung – „Ich fühlte mich 20 Jahre jünger" –, tieferer Verbundenheit, Intensivierung des Glaubens, Dankbarkeit, sowohl gegenüber den Partner*innen als auch dem göttlichen Leben.[228]

---

224 Wade (Anm. 222), 89.
225 Wade (Anm. 222), 183.
226 Eckehart, Meister (1979): Deutsche Predigten und Traktate, Zürich: Diogenes, 195.
227 Ogden, G. (2002): Sexuality and spirituality in women's relationships: Preliminary results of an exploratory survey. In: Working Paper Series no. 405, Wellesley Centers for Women.
228 MacKnee, C.M. (2002): Profound sexual and spiritual encounters among practicing Christians: A phenomenological analysis. In: Journal of Psychology and Theology 30, 234–244.

Was geht sexueller Vereinigung voraus? Das Begehren? Oder Verbundenheit? Oft das erstere, wenn es schlimmstenfalls zur Vergewaltigung kommt. Aber häufiger scheint Verbundenheit. Van Lankveld und Mitarbeiter*innen statteten 67 Paare mit Handcomputern aus, in die sie mehrmals am Tage eintippten, wie sehr sie sich mit dem Partner verbunden fühlten, nach ihm verlangten, mit ihm verkehrten.[229] Verbundenheit ging bei Männern und Frauen dem sexuellen Verlangen voraus, und nicht umgekehrt, wie von Triebtheorien angenommen – ein weiterer Beleg, wie stark das Bedürfnis nach Verbundenheit ist.

Das traditionelle Christentum war gegenüber vor- und außerehelicher Sexualität restriktiv. Nach wie vor streicheln Jugendliche, wenn kirchlich gebunden, später die Genitalien des Partners/der Partnerin, warten mit dem Koitus und vollziehen diesen wahrscheinlicher in der Missionarsstellung.[230] Doch zusehends mehr Menschen, auch im Jugendalter, verstehen sich stärker als spirituell denn als religiös. Männer und Frauen, wenn sie sich als spirituell einschätzen, praktizieren mit mehr Partner*innen variantenreicheren Sex.[231] Die überzufällige Korrelation von Spiritualität und reger Sexualität, die als heilig gewürdigt wird, sei auf den gemeinsamen Faktor Verbundenheit zurückzuführen.[232]

Auch Gehirnforscher bestätigen den engen Konnex von Sexualität und Spiritualität. Wenn Menschen in spirituelle Ekstasen geraten, sind gleiche Gehirnpartien aktiver wie dann, wenn sie dem Orgasmus entgegengleiten: Nuccleus accumbens, der reichlich Dopamin ausschüttet, das zentrale Tegmentum, zum Belohnungssystem gehörend und ähnliche

---

229 Van Lankveld, J. et al (2018): The associations of intimacy and sexuality in daily life: Temporal dynamics and gender effects within romantic relationships. In: Journal of Social and Personal Relationships 35, 557–576.

230 Visser, R.O. et al (2007): Associations between religiosity and sexuality in a representative sample of Australien adults. In: Archive of Sexual Behavior 36, 33–46.

231 Unter anderem: Burris, J.L., Smith, G.T. & Carlson, C.R. (2009): Relations among religiousness, spirituality, and sexual practices. In: Journal of Sex Research 46, 282–289.

232 Murray-Swank, N.A., Pargament, K.I. & Mahoney, A. (2005): At the crossroads of sexuality and spirituality: The sanctification of sex by college students. In: The International Journal for the Psychology of Religion 15, 199–219.

Empfindungen erzeugend wie Kokain.[233] Andere Gehirnareale werden jeweils schwächer, speziell das Gefahrenzentrum, die Amygdala. Wie oft schon geschah es, dass in dieser weniger Sauerstoff verbrannt wurde, wenn Frauen dem stürmischen Werben von Männern nachgaben und buchstäblich hinsanken, nicht mehr fürchtend, schwanger zu werden.[234] Sowohl nach Sex als auch spirituellen Intensiverfahrungen fühlen sich Menschen sicher, angstfrei, geborgen.

Wie sehr Menschen auf intime Verbundenheit hin angelegt sind, zeigt sich dann, wenn diese zerbricht. Erhält eine Frau von ihrem Freund die WhatsApp: „Will wieder ungebunden sein!" können die Reaktionen heftig sein: Weiche Knie, Zittern, Angst, ein flaues Gefühl im Magen, Stechen in der Brust – Herzschmerz. Frauen ziehen sich wahrscheinlicher zurück, rühren kein Essen mehr an, sind gefährdet, depressiv zu werden. Männer greifen eher zur Flasche, oder rasten aus, oft bis zum Todschlag.[235] Wenn Menschen engste Personen verlieren, werden gleiche Gehirnregionen aktiviert wie dann, wenn eine heiße Herdplatte berührt wird: Anteriorer zingulärer Kortex und anteriore Inselrinde.[236]

Intime Verbundenheit ist die wärmste und engste, aber macht auch verletzlich. Für ein gelingendes Leben bedarf es aber auch der Verbundenheit mit dem sozialen Nahbereich.

3.3 Verbundenheit mit dem sozialen Nahbereich

3.3.1 Familiäre Verbundenheit

Werden Menschen gefragt, was ihrem Leben am meisten Sinn gebe, ist eine der häufigsten Antworten: Familie, und dies noch mehr als Glaube,

233 Calabro, R.S. et al (2019): Neuranatomy and function of human sexual behavior: A neglected or unknown issue. In: Brain and Behavior 9, e01389, 1–17.
234 Brizendine, L. (2007): Das weibliche Gehirn. Warum Frauen anders sind als Männer, Hamburg: Hoffmann und Campe, 132.
235 Ter Horst, G.J. et al (2009): Sex differences in stress responses: Focus on ovarian hormones. In: Physiology and Behavior 97, 239–249.
236 Eisenberger, N.I. (2012): Broken hearts and broken bones: A neural perspective on the similiarities between social and physical pain. In: Current Directions in Psychological Science 21, 42–47.

Freunde, Besitz.[237] Familie, obschon immer wieder kritisiert, von Horkheimer als „Keimzeile des Faschismus", oder totgesagt, erwies sich, in allen Kulturen und zu allen Zeiten, als ausgesprochen stabil. Gewiss hat sie sich gewandelt: Von der römischen Familie, in der der Vater uneingeschränkte Autorität besaß, zur großen Haushaltsfamilie im Mittelalter, bis hin zur bürgerlichen Kleinfamilie. Auch gibt es vielfältige Familienformen. Neben den Kernfamilien, nach wie vor am häufigsten, Einelternfamilien, Regenbogenfamilien. Aber allen ist gemeinsam, dass sich die Angehörigen tief miteinander verbunden fühlen können, und ebenso, dass es zu Streit und Gewalt kommen kann. Statistisch ist es wahrscheinlicher, im familiären Umfeld ermordet zu werden als bei einem Banküberfall.

Menschen jedweden Alters können über beglückende familiäre Verbundenheit erzählen. Eine Elfjährige:

> *„Am glücklichsten machte mich ein Urlaub mit unserer Familie in Italien am Meer. Sommer, Sonne, Meer, und die Familie um sich, was wünscht man sich mehr? Man hat das Gefühl, geborgen zu sein."*

Eine Sechzigjährige:

> *„Am glücklichsten: Wenn meine große Familie (zwei erwachsene Töchter, Partner und sieben Enkelkinder) nach einem gemeinsamen Fest alle unter einem Dach im Hause übernachten."*

Zum Inbegriff familiärer Verbundenheit wurde im 19. Jahrhundert das Weihnachtsfest.[238] Die um den Tannenbaum versammelte Familie, singend, sich beschenkend, den Frieden beschwörend, gemeinsam tafelnd, aber hinter verschlossenen Türen. Dies beglückte Millionen von Kindern, ließ sie warme Verbundenheit spüren, prägte sich tief in sie ein, sodass sie, erwachsen geworden, die gleichen Rituale mit ihren eigenen Kindern vollzogen.

---

237 Lambert, N.M. et al (2010): Family as a salient ressource of meaning in young adulthood. In: Journal of Positive Psychology 5, 367–376.

238 Weber-Kellermann, I. (1978): Das Weihnachtsfest: eine Kultur- und Sozialgeschichte der Weihnachtszeit, Luzern: Rex.

Worin Familienverbundenheit konkret besteht, erfragten Woodman und McArthur bei 39 australischen Jugendlichen.[239] Am häufigsten nannten diese, anwesend und geistig präsent zu sein und Zeit zu teilen. Sodann ist es regelmäßige und wertschätzende Kommunikation. Verbindend seien auch gemeinsame Interessen, so für eine 15-Jährige Musik: „Meine Familie ist sehr musikalisch, und wenn wir gemeinsam musizieren, ist das die tiefste Gemeinsamkeit, die wir im Alltag erfahren." Und nicht zuletzt, respektiert zu werden, mit *ihren* Steckenpferden, *ihren* Freunden, *ihren* Ecken und Kanten.

Familienpsycholog*innen entwickelten Instrumente, um familiäre Verbundenheit zu messen. Crespo und Mitarbeiter halten drei Dimensionen auseinander:[240]

1. Familiärer Zusammenhalt: „Meine Familie leistet sich gegenseitig Hilfe".
2. Gemeinsame Tätigkeiten: „Isst deine Familie gemeinsam?"
3. Familienidentität: „Wir sind stolz, Mitglieder unserer Familie zu sein".

Eisenberg und Resnick präsentieren eine aus sieben Items bestehende Skala, die zumal für Jugendliche geeignet sei: „Kannst Du mit Mutter und Vater über deine Probleme sprechen? Wie oft hat deine Familie Spaß miteinander?"[241] 22‘000 Studierende bearbeiteten dieses Instrument, von denen 2‘255 einräumten, homo- oder bisexuell zu sein, was in den USA noch immer als Risiko gilt. In dieser Teilgruppe stellte sich familiäre Verbundenheit als stärkster Faktor heraus, der vor depressiven und suizidalen Gedanken schützt.

Verbundenheit in der Familie wird handgreiflich, wenn sich die Angehörigen an einen Tisch setzen, sich die Hände reichen, dabei „Gesegnete

239 Woodman, E. & McArthur, M. (2018): Young people's experiences of family connectedness: Supporting social work practice with families and young people. In: British Journal of Social Work 48, 693–713.

240 Crespo, C. et al (2013): "On solid ground": Family and school connectedness promotes adolescents' future orientation. In: Journal of Adolescence 36, 993–1002.

241 Eisenberg, M.E. & Resnick, M.D. (2006): Suicidality among gay, lesbian and bisexual youth: The role of protective factors. In: Journal of Adolescent Health 39, 662–668.

Mahlzeit" wünschen und gemeinsam essen. Aber wie oft kann das noch erlebt werden, wenn doch der Alltag dermaßen von Stress geprägt ist? Eisenberg und Mitarbeiter befragten 4'746 Jugendliche in den USA und fanden, dass diese pro Woche durchschnittlich 3,8 Mahlzeiten mit der Familie zu sich nahmen. Je mehr gemeinsame Mahlzeiten, desto stärkere familiäre Verbundenheit, desto seltener Drogenkonsum, deviantes Verhalten und depressive Verstimmungen.

Die Familie ist die erste und wichtigste soziale Gruppe, der der Mensch angehört. Innige Verbundenheit mit ihr ist ein solider Grund, in den Heranwachsende ihre Wurzeln treiben können, um dann ihre Flügel auszubreiten. Jugendliche, wenn familiär sicher eingebettet, stimmten wahrscheinlicher der Aussage zu: „Ich arbeite hart dafür, um mir eine gute Zukunft zu sichern".[242] Sowohl Mädchen, wenn sich in der Adoleszenz über den Hüften Fettpolster ansetzen, als auch Jungen, wenn sie Akne bekommen, sind mit ihrem sich verändernden Körperselbstbild zufriedener, wenn sie mit ihrer Familie stärker verbunden sind.[243] Eine mögliche Erklärung: Weil sie von ihren Eltern öfters Komplimente bekommen.

Familienverbundenheit erhöht auch das Wohlbefinden, bei Jugendlichen sogar stärker als die Beziehung zu den Freunden und die Identifikation mit der Schule, so eine Studie mit 1'774 Personen.[244] Als Gegenteil von Glück bestimmte Erich Fromm die Depression.[245] An letzterer leiden Menschen seltener, wenn sie sich mit ihrer Familie eng verbunden fühlen, nicht nur im Jugendalter,[246] sondern auch noch im fortgeschrit-

---

242 Crespo (Anm. 240).

243 Crespo, C. et al (2010): Relationships between family connectedness and body satisfaction: A longitudinal study of adolescent girls and boys. In: Journal of Youth and Adolescence 39, 1392–1401.

244 Jose, P.E., Ryan, N. & Pryor, J. (2012): Does social connectedness promote a greater sense of well-being in adolescence over time? In: Journal of Research on Adolescence 22, 235–251.

245 Fromm (Anm. 208), IV, 142.

246 Houltberg, B. et al (2011): Adolescents' perceptions of family connectedness, intrinsic religiosity, and depressed mood. In: Journal of Child and Family Studies 20, 111–119.

tenen Alter.[247] Entscheidend sei vor allem die in der Familie verspürte Sicherheit und das Vertrauen. Und nicht zuletzt: Familienverbundenheit bewahrt vor problematischem Verhalten, das das Individuum wie auch die Gesellschaft schädigt, beispielhaft Mobbing. Jugendliche, die in sozialen Brennpunkten mit viel Kriminalität und Vandalismus aufwuchsen, drangsalierten seltener andere und verhielten sich freundlicher, wenn sie gut in ihre Familien eingebunden waren.[248]

Familienverbundenheit stärkt auch die physische Gesundheit. Britische Schulkinder (N = 6‘425), wenn sie eine tiefe Familienzugehörigkeit beteuerten, schätzten ihre Gesundheit doppelt so selten als beeinträchtigt ein wie jene mit schwacher Bindung.[249] Die naheliegende Erklärung: Eng verbundene Familien pflegen einen gesünderen Lebensstil und sind öfters aktiv und in Bewegung, wodurch körpereigene Endorphine ausgeschüttet werden und das Immunsystem gestärkt wird.[250] Hinzu kommt, dass Menschen, wenn sozial gut integriert, auf Stressfaktoren weniger empfindlich reagieren. Nach Belastungen sinkt der Blutdruck zügiger und schwächt sich die Ausschüttung von Cortisol schneller ab.[251]

Unterscheidet sich Familienverbundenheit in verschiedenen Kulturen, speziell in individualistischen wie den USA und in Europa, wo zusehends mehr Menschen keine Familie mehr gründen, sowie in kollektivistischen, etwa China, wo die (Groß-)Familie einen höheren Stellenwert hat? Hard-

247 Purcell, B. et al (2012): Family connectedness moderates the association between living alone and suicide ideation in a clinical sample of adults 50 years and older. In: The American Journal of Geriatric Psychiatry 20, 717–723.
248 Foster, C.E. et al (2017): Connectedness to family, school, peers, and community in socially vulnerable adolescents. In: Children and Youth Services Review 81, 321–331.
249 Morgan, A. & Haglund, B. (2009): Social capital does matter for adolescent health: evidence from the English HBSC study. In: Health Promotion International 27, 363–372.
250 Yang, F., Tan, K.A. & Cheng, W. (2014): The effects of connectedness on health-promoting and health-compromising behaviors in adolescents. In: Journal of Primary Prevention 35, 33–46.
251 Uchino, B.N. (2006): Social support and health: A review of physiological processes potentially underlying links to disease outcomes. In: Journal of Behavioral Medicine 29, 377–387.

way und Fuligni befragten Jugendliche in China, Mexiko und Europa und fanden: In allen drei Ländern erhielt „Meine Mutter/mein Vater und ich fühlen uns sehr nahe“ gleich hohe Zustimmung.[252] Chinesische und mexikanische Jugendliche fühlten sich jedoch stärker verpflichtet, mehr Zeit mit ihrer Familie zu verbringen als die europäischen Jugendlichen, die öfters bei ihren Freunden waren. Die Zugehörigkeit zur Familie, die erste und wichtigste soziale Gruppe eines Menschen, sei für seine Identität enorm wichtig, unabhängig vom ethnischen und kulturellen Hintergrund. Zum Ingrediens des Menschseins zählen aber auch, zu allen Zeiten und in allen Kulturen, die Freunde.

3.3.2 Verbundenheit mit Freunden

Nichts im Leben könne tiefer beglücken als „der Erwerb der Freundschaft“, schrieb, vor 2‘300 Jahren, der zu Unrecht viel geschmähte Philosoph Epikur.[253] Schon die ältesten Werke der Weltliteratur preisen die Freundschaft, so das Epos von Gilgamesch die mit seinem Gefährten Enkidu. Jonathan, der Sohn von König Saul, liebte David, „wie er sein eigenes Leben liebte“ (1 Sam 20,17). Und bis in die Gegenwart: „I get by with a little help from my friends“ der Beatles, Amy Whinehouses „Best friend“, Elton John, der in „funeral for a friend“ klagte, wie sehr es schmerzt, einen Freund zu verlieren.[254]

Aber was ist ein Freund? Sind auch CSU-Anhänger Freunde, wenn sie von Ministerpräsident Söder so begrüßt werden? Der französische Philosoph Michel de Montaigne (1533–1592) hätte dies verneint und stellte hohe Ansprüche: „Bei der Freundschaft, von der ich spreche, verschmelzen zwei Seelen und gehen derart ineinander auf, dass sie sogar die Naht

252 Hardway, C. & Fuligni, A. (2006): Dimensions of family connectedness among adolescents with Mexican, Chines, and European backgrounds. In: Developmental Psychology 42, 1246–1258.

253 Epikur (1980): Briefe – Sprüche – Werkfragmente, Stuttgart: Reclam, 75.

254 Eine beeindruckende Textsammlung: Landsberg, M. (Hg.) (2020): Zusammen durch dick und dünn. Geschichten und Gedichte über die Freundschaft, München: Anakonda.

nicht mehr finden, die sie einte."[255] Freilich, nicht alle Freundschaften sind so innig wie die, die er mit Étienne de La Boétie, einem tief humanistischen Richter, pflegte.

Arten von Freundschaften unterschied schon Aristoteles.[256] Die erste ist die Freundschaft der Lust, die bei Kindern und Jugendlichen vorherrsche und jeweils schnell enden kann: „Barbara ist nicht mehr meine Freundin. Sie hat mit Bettina gespielt." „Unvollkommen" sei diese Freundschaft, weil der „Freund nicht geliebt (wird) in dem, was er ist, sondern nur soweit … er Lust verschafft".[257]

Unvollkommen sei auch die Freundschaft des Nutzens, die bei älteren Leuten, bei denen die Lust versiege, häufiger sei. Solche Freundschaften können schnell zerbrechen und „enden mit dem Nutzen selbst. Denn sie waren nicht miteinander befreundet, sondern mit dem Nutzen".[258] Wie viele Freunde verziehen sich, wenn man ihnen nicht mehr Beziehungen zum Ministerium vermitteln oder anderweitig nützlich sein kann?

„Vollkommen" sei Freundschaft dann, wenn Freunde um ihrer selbst willen geliebt werden. Eine solche ist nicht gefährdet, wenn die Lust schwindet oder der Nutzen zerrinnt, sondern beständig, aber „selten". Bis sie zusammengeschweißt ist, vergeht viel Zeit. Erforderlich sei, sich gut zu kennen, einander Gutes zu tun, tugendhaft zu leben. Vollkommene Freunde fühlen und anerkennen sich als ebenbürtig, vertrauen sich voll und ganz, verraten keine Geheimnisse und unterstützen sich ohne Eigeninteressen.[259]

Wie viele Freunde haben unsere Zeitgenoss*innen? Anders als bei Facebook (s.u.) wenige. Anlässlich des Internationalen Tages der Freundschaft (30. Juli) ermittelte das SINUS-Institut repräsentativ für die Bundesrepublik durchschnittlich 3,7 enge Freunde.[260] Zwischen drei und vier

---

255 Montaigne, M. (1998): Essais. Erste moderne Gesamtübersetzung von Hans Stilett, Frankfurt/M.: Eichborn, 101.

256 Aristoteles (1952): Nikomachische Ethik, Zürich: Artemis Verlag, 231–246.

257 Aristoteles (Anm. 256), 234.

258 Aristoteles (Anm. 256), 237.

259 Rawlins, W. (1992): Friendship matters, New York Aldine de Gruyter.

260 Schneider, P. (2018): Deutsche haben 3,7 enge Freunde. In: https://yougov.de/news/2018/07/26/deutsche-haben-37-enge-freunde-offene-kommunikatio/ (20.8.2021).

sind es in Großbritannien.[261] Zum erweiterten Freundeskreis zählen elf Personen. Zwei Drittel haben einen besten Freund bzw. eine beste Freundin. Jede/r dritte gab an, aktuell weniger Freunde zu haben als vor fünf Jahren, wobei dies unter den jüngeren Befragten häufiger war. In einer Freundschaft besonders wichtig sei Ehrlichkeit (71%), über alles reden können (70%), füreinander da sein (70%), auf ihn/sie in Notlagen zählen können (70%). Gemeinsame Werte sind weniger wichtig. 38 Prozent pflegen Freundschaften mit Menschen, die homo- oder bisexuell sind, und 60 Prozent mit solchen, die andere politische Überzeugungen vertreten.

Heranwachsende, wenn sie intim werden, haben auch einen „Freund" oder eine „Freundin". Aber viele differenzieren zwischen dem/r Intimpartner/in und den Freunden, mit denen ausgegangen wird. Auch Montaigne dachte darüber nach, ob eine sexuelle Beziehung Freundschaft sei, und kam zu einem negativen Ergebnis. Leidenschaft sei eine „Fieberhitze, die bald steigt, bald fällt … Bei der Freundschaft hingegen umfasst uns eine alles durchdringende, dabei gleichmäßige und wohlige Wärme."[262] Allerdings kann dies auch in einer erotischen Beziehung gespürt werden.

Klassische Freundschaften bestanden zwischen gleichgeschlechtlichen Personen: Goethe und Schiller, Rosa Luxemburg und Clara Zetkin. Erst in den letzten Jahren wurde Freundschaft zwischen Mann und Frau ein Forschungsthema,[263] nachdem die Ansicht vorgeherrscht hatte: „Frauen und Männer können nicht befreundet sein, weil immer der Sex dazwischen kommt." Änderungen in der Arbeitswelt – Frauen bewähren sich in Domänen, die früher Männern vorbehalten waren – führten zu mehr Interaktionen zwischen den Geschlechtern, aus denen mehr Männer-Frauenfreundschaften hervorgingen.[264] Allerdings sind diese seltener. In

---

261 Pochin, C. (2019): Most Brits only have three close friends – but experts say that's the magic number. https://www.mirror.co.uk/lifestyle/most-brits-only-three-close-19945775 (20.8.2021)

262 Montaigne (Anm.255), 100.

263 Walser, A. (2017): Gewagte Beziehung – Freundschaft zwischen Männern und Frauen. In: Dies. (Hg.): „Freundschaft" im interdisziplinären Dialog, Innsbruck: Tyrolia, 225–239.

264 Reeder, H.M. (2003): The effect of gender role orientation on same- and cross-sex friendship formation. In: Sex Roles 49, 143–152.

einer Umfrage gaben Männer vier enge gleichgeschlechtliche Freunde an, aber nur 1,4 Freundinnen. Bei den Frauen verhielt es sich genau gleich.[265]

In den meisten andersgeschlechtlichen Freundschaften kommt es nicht zu erotischem Knistern. In einer Studie zu Cross-Sex-Freundschaften berichteten 20 Prozent der Männer von sexuellen Ambitionen, und nur zehn Prozent der Frauen.[266] Männer finden die platonische Freundschaft zu Frauen oft bereichernd, wenn sie in diesen aufmerksamere Zuhörerinnen und verständnisvollere Gesprächspartnerinnen haben als in Männern, die über Fußball oder Autos reden.[267] Freundschaften von Frauen, sei es zu Männern oder ihresgleichen, seien emotional befriedigender als Männerfreundschaften und wurden sogar als „therapeutisch" gewürdigt.[268]

Die Häufigkeit von gleichgeschlechtlichen Freundschaften hängt vom Alter ab. Jüngere Kinder bevorzugen gleichgeschlechtliche Freunde.[269] Ein Neunjähriger, der oft mit Mädchen spielt, riskiert, von anderen Jungen gehänselt zu werden: „Memme!" Andersgeschlechtliche Freundschaften sind auch seltener, wenn Personen verheiratet sind oder ein höheres Alter erreicht haben, möglicherweise, weil sie dahingehend sozialisiert wurden, nur mit Gleichgeschlechtlichen freundschaftliche Beziehungen einzugehen.

Ist auch Kameradschaft Freundschaft? Unzählige Male ist es schon von Militärkapellen gespielt worden: „Ich hatt' einen Kameraden, einen bessern findst du nit." Viele Soldaten sind im Heer Freunde geworden, bis

---

265 Altmann, T. (2020): Distinctions in friendship research: Variations in the relations between friendship and the Big Five. In: Personality and Individual Differences 154, 109727.

266 Monsour, M., Betty, S. & Kurzweil, N. (1993): Levels of perspectives and the perception of intimacy in cross-sex friendships. In: Journal of Social and Personal Relationships 10, 529–550.

267 Elkins, L.E. & Petersen, C. (1993): Gender differences in best friendships. In: Sex Roles 29, 497–508.

268 Hartlieb, A. (2017): Frauenfreundschaften. In: A. Walser (Hg.): „Freundschaft" im interdisziplinären Dialog, Innsbruck: Tyrolia, 213–223, hier 218.

269 Erdley, C. & Day, H.J (2017): Friendship in childhood and adolescence. In: M. Hojjat & A. Moyer (Eds.): The psychology of friendship, New York: Oxford University Press, 3–19.

dahin, füreinander das Leben zu opfern. Dennoch unterscheiden sich Freundschaft und Kameradschaft tiefgreifend. Erstere ist freiwillig. Letztere ergibt sich, wenn jemand in eine militärische Einheit aufgenommen wird, in die Feuerwehr oder eine andere Institution. In den KZs sprachen sich die Häftlinge als „Kamerad“ an. Kameraden können nicht ausgesucht werden, Familienmitglieder auch nicht.

Massiv war die Entgegensetzung von Freundschaft und Kameradschaft im Dritten Reich. Letztere wurde schon in früher Kindheit andressiert, noch stärker in der Hitlerjugend, unüberbietbar in den Erziehungsanstalten. War ein Spind nicht vorschriftsmäßig eingeräumt, riss der Zugführer den Inhalt heraus und brüllte: „Alle deine Kameraden warten jetzt nur, bis dein Spind in Ordnung ist“.[270] Solche Kollektivstrafen erzeugten Angst – und Hass. Begannen Jungen trotzdem freundschaftliche Bande zu knüpfen, wurden diese grausam zerrissen: „Vor angetretenem Zug mussten die beiden Freunde vortreten und einander wechselseitig ohrfeigen, bis einer von beiden zu weinen begann“.[271]

Worin unterscheidet sich Freundschaft von Verwandtschaft?[272] Das gängige Sprichwort: Freunde kann man sich aussuchen, Verwandte hat man. Dennoch bestehen mannigfaltige Gemeinsamkeiten. In vielen Kulturen ist es üblich, einen guten Freund „Bruder“ zu nennen, eine Freundin „Schwester“. Implizite Assoziationstests zeigten, dass die Einstellung gegenüber guten Freunden emotional ebenso positiv ist wie die zur engsten Verwandtschaft.[273] Freunde werden von ihren Interessen her als ähnlicher wahrgenommen, aber Familienangehörige bekommen mehr Unterstützung. Studierende wurden gefragt: „Eine Person benötigt 75 Dollar. Wie viel würden Sie ihr geben, wenn es Ihr Zwillingsgeschwister ist? Ihr Ehepartner? Ihr bester Freund?“ Letzterer würde 14 Dollar erhal-

---

270 Chamberlain, S. ([6]2016): Adolf Hitler, die deutsche Mutter und ihr erstes Kind. Über zwei NS-Erziehungsbücher, Gießen: Psychosozial-Verlag, 79.
271 Chamberlain (Anm. 270), 83.
272 Hruschka, D.J. (2010): Friendship. Development, ecology and evolution of a relationship, Berkeley: University of California Press, 76–104.
273 O'Gorman, R. & Roberts, R. (2017): Distinguishing family from friends. Implicit cognitive differences regarding general disposition, attitude similarity, and group membership. In: Human Nature 28, 323–343.

ten, das Geschwister 30, der/die Ehepartner/in 50.[274] Gemäß der Theorie der inklusiven Fitness verhalten sich Menschen umso altruistischer, je enger die genetische Nähe ist. Bedeutsam werden Familienangehörige in Krisen. Um ein Sterbebett versammelt sind – wenn überhaupt – die Lebenspartner, Kinder und Schwiegerkinder, aber nicht die Freunde.

Pflegen Männer und Frauen gleiche Freundschaften? Über Jahrhunderte wurde den Frauen, weil angeblich weniger geistig bemittelt, die Fähigkeit zur Freundschaft abgesprochen, von Aristoteles[275] wie von Montaigne.[276] Aktuell werden in den Massenmedien vor allem Frauenfreundschaften zelebriert, so die zwischen Carrie, Samantha, Miranda und Charlotte in der Kultserie „Sex and the City". Frauen haben häufiger eine beste Freundin.[277] Männer haben mehr Freunde, und dies weltweit.[278] Eine Erklärung ist evolutionsgeschichtlich. Männer mussten in Gruppen kooperieren, um ein Mammut zu erlegen. Frauen hingegen, wenn sie sich an einen Mann banden, hatten ihre Herkunftsfamilie zu verlassen und füllten diese emotionale Lücke mit wenigen, aber tiefen Beziehungen.

Männer und Frauen unterscheiden sich auch darin, was Freundschaft aufrechterhält. Frauen reden mehr. Ihre ohnehin häufigeren Telefongespräche dauern länger, mitunter Stunden.[279] Männer stärken ihre Freundschaft vor allem durch gemeinsame Aktivität: Sport, Biertrinken, und vielleicht auch einmal gemeinsam auf die Reeperbahn.

Freundschaft bringt vielfältigen Nutzen. Auch die Erfüllung einer menschlichen Ursehnsucht: Glück. Mindestens einen guten Freund zu

---

274 Hackman,J., Danvers, A. & Hruschka, D.J. (2015): Closeness is enough for friends, but not mates or kin: mate and kinship premiums in India and U.S. In: Evolution and Human Behavior 36, 137–145.

275 Aristoteles (Anm. 256), 241.

276 Montaigne (Anm. 255), 100.

277 Machin, A. & Dunbar, R. (2013): Sex and gender as factors in romantic partnerships and best friendships. In: Journal of Relationships Research 4, e8, 1–10.

278 David-Barrett, T. et al (2015): Women favor dyadic relationships, but men prefer clubs: Cross cultural evidence from social networking. In: PLOS ONE/DOI:10.1371/journal.phone 0118329, 1–15.

279 Bhattacharya, K. et al (2015): Sex differences in social focus across the lifecycle in humans. In: Royal Society Open Science 3, 160097.

haben, hat den gleichen Glückseffekt wie die Verdoppelung des Einkommens.[280] Freunde beglücken in allen Lebensphasen, im Sandkasten wie im Altenheim, dies zumal dann, wenn sie es ermöglichen, authentisch zu sein: „Wenn ich bei meinem Freund bin, fühle ich mich frei und so, wie ich bin.“[281] Freunde tun auch der Gesundheit gut. Kamarck und Mitarbeiter*innen versetzen freiwillige Versuchsteilnehmer*innen in Stress und maßen bei ihnen Blutdruck und Herzschlagfrequenz. Wenn die Studierenden von einem guten Freund begleitet waren, sank der Blutdruck schneller, der Puls normalisierte sich zügiger.[282] Junge Frauen, an Brustkrebs erkrankt, genasen wahrscheinlicher, wenn sie sich mit Freundinnen austauschen konnten.[283] Keine engen Freunde zu haben, schädige die Gesundheit in gleicher Weise wie mindestens 15 Zigaretten am Tag, Übergewicht und starker Alkoholkonsum.[284] Selbst zwischen der Anzahl gesunder Zähne und guten Freunden wurde bei älteren Personen ein positiver Zusammenhang nachgewiesen.[285] Freunde sind auch Balsam für die Seele. Bei Frauen in klinischer Depression wirkten neue Freundschaften besser als Psychopharmaka.[286]

Für die geschilderten Effekte ist es nicht notwendig, viele Freunde zu haben. 169 Jugendliche wurden gefragt, ob ihnen wichtiger sei, eine enge

280 Helliwell, J.F. et al (2010): International evidence on the social context of well-being. In: E. Diener et al (Eds.): International differences in well being, Oxford: Oxford University Press, 291–327.

281 Demir, M. & Davidson, I. (2013): Toward a better understanding of the relationship between friendship and happiness. In: Journal of Happiness Studies 9, 257–277.

282 Kamarck, T.W. et al (1990): Social support reduces cardiovascular reactivity to psychological challenge. In: Psychosomatic Medicine 52, 42–58.

283 Chou, A.F. et al (2012): Social support and survival in young women with breast carcinomia. In: Psychooncology 21, 125–133.

284 Holt-Lunstad, J., Smith, T.B. & Layton, J.B. (2010) Social relationships and mortality risk: A metaanalytic review. In: PLoS Medicine 7, e1000316.

285 Tsakos, G. et al (2013): Social relationships and oral health among adults aged 60 years or older. In: Psychosomatic Medicine 75, 178–186.

286 Sias, P.M. & Bartoo, H. (2007): Friendship, social support, and health. In: P.M. Sias et al (Eds.): Low-cost approaches to promote physical and mental health, New York: Springer, 455–472.

Freundschaft zu pflegen oder in größeren Peergruppen beliebt zu sein.[287] Zehn Jahre später wurden die jungen Erwachsenen wieder getestet. Wer einen engen Freund der Popularität in der Gruppe vorgezogen hatte, war sozial kompetenter, hatte einen höheren Selbstwert und eine stabilere Identität, weil es ein vertrautes Du erleichtert, sich selbst besser kennenzulernen.

Wie ist es dann aber um jene Freundschaften bestellt, die die häufigsten sind, die im Internet, speziell Facebook? Im Juli 2020 gab es weltweit 2,7 Milliarden Facebook Profile, von denen jedes mit durchschnittlich 342 Freunden verknüpft war, sodass es in diesem Medium 923 Milliarden Freundschaften gibt, in etwa das 118fache der Weltbevölkerung.

Ist es möglich, hunderte von Freundschaften zu pflegen? Mehrheitlich behaupten dies die Facebook Nutzer*innen.[288] Und überschätzen sich. Croom und Mitarbeiter luden 4000 Facebook Nutzer*innen ein, bei einem Computerspiel mitzumachen.[289] Bevor dieses startete, wurden Fotos eingeblendet, die den Profilen ihrer Facebook Freunde entnommen worden waren. Anschließend sollten sie deren Namen eintippen. Bei 28 Prozent der gezeigten Freunde war dies nicht möglich. Wenn fast ein Drittel der Facebook Freunde nicht namentlich bekannt ist, sollte nicht von Freundschaft gesprochen werden. So entschied im Sommer 2018 das Höchstgericht in Florida, nachdem ein Anwalt beantragt hatte, eine Richterin für befangen zu erklären, weil sie mit dem gegnerischen Anwalt auf Facebook befreundet war. Auf Facebook sei „Freund" nur ein „Kunstgriff", der einer echten Freundschaft mit Händedruck und Augenkontakt niemals gerecht werde.

---

287 Narr, R.K. et al (2019): Close friendship strength and broader peer group desirability as differential predictors of adult mental health. In: Child Development 90, 298–313.

288 Manago, A.M., Taylor, T. & Greenfield, P. (2012): Me and my 400 friends: The anatomy of college students' Facebook networks, their communication patterns, and well-being. In: Developmental Psychology 48, 369–380.

289 Croom, C. et al (2016): What's her face(book)? How many of their facebook "friends" can college students actually identify? In: Computers in Human Behavior 56, 135–141.

Machen viele Facebook Freunde glücklich? Die Befunde sind gemischt. Manago, Taylor und Greenfield loben an Facebook, es ermögliche, in einer zusehends mobileren Welt freundschaftliche Kontakte über weite Distanzen aufrecht zu erhalten.[290] Tatsächlich fanden sie eine positive Korrelation zwischen subjektiv verspürter sozialer Unterstützung und der Anzahl der Facebook Freunde. Niederländische Nutzer*innen, die im Netz eine überschaubare Anzahl Freundschaften vor allem aufrecht erhalten wollen, fühlten sich auch mit ihren Freunden, denen sie real begegneten, enger verbunden.[291]

Doch nachgewiesen sind auch ungünstige Effekte. Häufige Nutzer*innen mit mehr unbekannten ‚Freunden' bejahten wahrscheinlicher, andere Menschen seien glücklicher als sie selber.[292] Ursächlich sind soziale Aufwärtsvergleiche. Facebook Freunde präsentieren sich vorteilhaft, erfolgreich, hübsch, bei beeindruckenden Aktivitäten wie Partys, Flirten, Gleitschirmfliegen. Alfasi bildete zwei Gruppen. Eine erste betrachtete eine Viertelstunde lang Neuigkeiten bei ihren Freunden, eine zweite klickte sich durch Geographieseiten. Wer die tollen Bilder der Freunde angeschaut hatte, neigte hernach stärker zu depressivem Grübeln.[293] Junge Menschen, die oft darüber nachsinnen, wie sie in den Augen anderer dastehen, steigen häufiger in soziale Medien ein. Aber je häufiger sie noch coolere Freunde sehen, desto stärker wird ihr Selbstwert angeschlagen – eine Abwärtsspirale.[294] Nutzer*innen, mit sich selber wenig zufrieden, neigen auch dazu, die Profile ihrer Partner*innen zu kontrollieren. Re-

290 Manago, Taylor & Greenfield (Anm. 288).

291 Rousseau, A., Frison, E. & Eggermont, S. (2019): The reciprocal relations between facebook relationship maintenance behaviors and adolescents' closeness to friends. In: Journal of Adolescence 76, 173–184.

292 Chou, H.T. & Edge, N. (2012): "They are happier and having better lives than I am": The impact of using facebook on perceptions of other lives. In: Cyberpsychology, Behavior, and Social Networking 15, 117–121.

293 Alfasi, Y. (2019): The grass is always greener on my friends profiles: The effect of Facebook social comparison on state self-esteem and depression. In: Personality and Individual Differences 147, 111–117.

294 Vogel, E.A. et al (2015): Who compares and despairs? The effect of social comparison orientation on social media use and its outcomes. In: Personality and Individual Differences 86, 249–256.

gistrieren sie, dass diese von andersgeschlechtlichen Nutzer*innen Komplimente erhalten – „Geil, wie du ausschaust“ –, regt sich Eifersucht.[295]

Freundschaft kann in sozialen Netzwerken pervertiert werden. Dies dann, wenn eine möglichst große Anzahl an Facebook Freunden den eigenen Status erhöhen soll. Echte Freundschaft ist narzisstischer Funktionalisierung diametral entgegengesetzt.[296] Ohnehin leiden viele darunter: „Es ist wie ein Wettrennen: Versuchen, so viele Freunde wie möglich zu haben.“[297] Und noch mehr dann, wenn ‚Freunde‘ verzweckt werden, um materialistische Ziele zu erreichen. Nutzer*innen, die die Aussage „Mein Leben wäre besser, wenn ich viele Dinge besäße, die ich nicht habe“, bejahten, hatten mehr Facebook Freunde und gaben auch eher zu: „Viele Facebook Freunde zu haben trägt zu mehr Erfolg bei.“[298] In wirklicher Freundschaft ist der Freund – in Anlehnung an Kant formuliert – stets Zweck für sich selbst und niemals bloß ein Mittel.

Können auch Tiere Freunde sein? Eine meiner Bekannten ist stets mit ihrem hübschen Labrador Retriever unterwegs, von dem sie schwärmt, er sei die treueste Seele der Welt. Sein Name: „Amigo!“ Philosophen wie Aristoteles und Kant hätten entschieden verneint, dass Tiere Freunde sein können, weil sie „vernunftlose Sachen“ seien, „mit denen man nach Belieben schalten und walten kann“.[299] Doch gut die Hälfte der amerikanischen Hundebesitzer*innen fasst ihr Haustier als Freund auf. Ein Viertel der verheirateten Frauchen und Herrchen meint sogar, der Hund

---

295 Utz, S. & Beukeboom, C. (2011): The role of social network sites in romantic relationships: Effects on jealousy and relationship happiness. In: Journal of Computer-Mediated Communication 16, 511–527.

296 Mehdizadeh, S. (2010): Self-presentation 2.0: Narcissism and self-esteem on Facebook. In: Cyberpsychology, Behavior, and Social Networking 13, 357–364.

297 Fox, J. & Moreland, J.J. (2015): The dark side of social networking sites: An exploration of the relational and psychological stressors associated with Facebook use and affordances. In: Computers in Human Behavior 45, 168–175, hier 172.

298 Ozimek, P., Baer, F. & Förster, J. (2017): Materialists on facebook: the self regulatory role of social comparisons and objectification of Facebook friends. In: Heliyon 3, e00449.

299 Kant, I. (1960): Werke in 12 Bänden, hg. von W. Weischedel, Frankfurt/M.: Insel, Band 12, 407.

könne besser zuhören als ein Ehepartner.[300] Auch Kinder, die mit Tieren aufwachsen, neigen dazu, diese als Familienmitglieder zu sehen. Auf ihre Entwicklung wirkt sich dies günstig aus, weil sie als Erwachsene mehr Selbstvertrauen an den Tag legen, selbständiger und glücklicher sind.[301] Auch erwachsene Tierhalter*innen profitieren von ihren Mitgeschöpfen. Im Vergleich zu Personen ohne Haustier sind sie fitter, geselliger, gewissenhafter und extrovertierter.[302]

Sind Haustiere ursächlich für diese Effekte? Könnte nicht sein, dass Menschen Haustiere halten, weil sie fitter sind? McConnel ließ Hundebesitzer*innen einen Fragebogen zu sozialer Verbundenheit ausfüllen, worauf sie die bitterste Kränkung in ihrem Leben beschrieben. Hernach wurden drei Gruppen gebildet. Die erste schrieb über den besten Freund, die zweite über den Hund, die dritte über den Campus. Abschließend wurde Verbundenheit noch einmal gemessen. In den beiden ersten Gruppen blieb sie gleich, in der dritten war sie geringer. Das Denken an ein Haustier kann gleiche Effekte zeitigen wie das Denken an einen guten Freund.[303]

Haustiere, speziell Hunde, erleichtern es, soziale Kontakte zu knüpfen. Ein Hundebesitzer: Bei Spaziergängen werde er oft von fremden Personen auf den Vierbeiner angesprochen und es ergäben sich gute Gespräche. Hundebesitzer*innen kennen in ihrer Nachbarschaft mehr Menschen.[304] Hunde begünstigen Kontaktaufnahme auch deswegen, weil Menschen, die ihren Vierbeiner liebevoll behandeln, als sympathischer wahrgenommen werden. In einer Feldstudie wurde eine Interviewerin

---

300 McConnell, A. et al (2011): Friends with benefits: On the positive consequences of pet ownership. In: Journal of Personality and Social Psychology 101, 1239–1252, hier 1240.
301 Van Houtte, B.A. & Jarvis, P.A. (1995): The role of pets in preadolescent psychosocial development. In: Journal of Applied Developmental Psychology 16, 463–479.
302 McConnell, A., Lloyd, E.P. & Buchanan, T. (2017): Animals as friends. In: M. Hojjat & A. Moyer (Eds.): The psychology of friendship, New York: Oxford University Press, 157–174.
303 Connell et al (Anm. 300)
304 Wood, L. et al (2015): The pet factor – Companion animals as a conduit for getting to know people, one.0122085.

freundlicher angeschaut und sie erhielt längere Redezeiten, wenn sie von einem Labrador Retriever begleitet war.[305]

Haustiere stärken die Gesundheit.[306] Besitzer*innen von Hunden oder Katzen hatten einen niedrigeren Blutdruck, weniger Cholesterin und mehr Hämoglobin in ihrem Blut.[307] Hundehalter*innen haben ein um 24 Prozent verringertes Mortalitätsrisiko, zumal wenn sie ihn regelmäßig ausführen und täglich 20 Minuten wandern.[308]

Verbundenheit mit dem sozialen Nahebereich bringt Segen. Aufgrund der angeborenen Bindungsfähigkeit sind wir bestens prädestiniert, solche Verbundenheit einzugehen.[309] Aber wie kann diese ausgedehnt werden auf die ganze Menschheit? Diese Frage stellte sich unseren Vorfahren, die in Gruppen von gut 150 Angehörigen lebten, noch nicht. Anders in einer globalisierten Welt, in der die anstehenden Probleme nur gemeinsam gelöst werden können, um das Überleben der Menschheit zu sichern, speziell die Klimakrise sowie die atomare Abrüstung, weil auf jeden Menschen eine Tonne TNT kommt.

3.4 Verbundenheit mit der Menschheit als ganzer

Als im Sommer 1940 Polen von Nazi-Deutschland und Russland besetzt war und sich der blutige Holocaust abzuzeichnen begann, wandten sich im Baltikum viele Juden verzweifelt an die ausländischen Botschaften, um ein Ausreisevisum zu erhalten. Die Diplomaten wiesen die Hilfesuchenden ab, obschon diese flehend vor den Türen knieten. Ein einziger Botschafter war, in der litauischen Stadt Kaunas, die heldenhafte Ausnahme: Chiune Sugihara aus Japan. Gemeinsam mit seinen Mitarbeiter*innen

---

305 Wells, D.L. (2004): The faciliation of social interactions by domestic dogs. In: Anthrozoös 17, 340–352.

306 Überblick: Crawford, E.K., Worsham, N.L. & Swinehart, E.R (2006): Benefits derived from companion animals, and the use of the term "attachment". In: Anthrozoös 19, 98–112.

307 Krittanawong, C. et al (2020): Pet ownership and cardiovascular health in the US general population. In: The American Journal of Cardiology 125, 1158–1161.

308 Kramer, C.K., Mehmood, S. & Suen, R. (2019): Dog ownership and survival. In: Circulation: Cardiovascular Quality and Outcomes 12, 119.005554.

309 Bowlby (Anm. 3).

stellte er um die 10‘000 Visa aus, oft 18 Stunden am Tag, und obschon ihm diese Nächstenliebe das Leben hätte kosten können. Später nach seinen Motiven für diese supererogatorischen Werke – für die kein Mensch verpflichtet werden kann – gefragt, antwortete er: „Ich handelte so aufgrund meines Gerechtigkeitssinns und aus Liebe zur gesamten Menschheit.“[310]

Die Menschheit als ganze und als gleichberechtigt in den Blick zu nehmen, ist eine historisch junge Errungenschaft. Die Griechen grenzten sich von den „Barbaren“ ab, ebenso die Römer. Im Mittelalter stellten sich die Christen chauvinistisch über Heiden und Andersgläubige, obschon Jesus in der Bergpredigt verkündigt hatte, Gott lasse die Sonne über allen aufgehen (Mt 5,45).[311] Nach den großen Entdeckungen galten die Eingeborenen als unzivilisiert, untermenschlich, sodass die Eroberer es für rechtens hielten, sie zu versklaven und ihnen die Hand abzuhacken, wenn sie zu träge waren.[312] Freilich gab es Ausnahmen, allen voran Bartolomé de Las Casas (1484–1566):

> *„Alle Rassen auf der Welt sind Menschen … Alle haben Vernunft, Willen und freie Wahl, und alle sind geschaffen als Ebenbild Gottes. Infolgedessen ist die gesamte Menschheit eine einzige.“*[313]

Es gelang ihm, Papst Paul III. zu überzeugen, auch Indianer seien Menschen, was aber nicht verhinderte, dass diese weiterhin zwangsgetauft und zu Abertausenden getötet wurden, in giftigen Silberminen, durch das Schwert, auf Scheiterhaufen.

Erst in der Aufklärung begann sich die Auffassung durchzusetzen, dass alle Menschen die gleichen Rechte haben sollten. In England kämpfte Granville Sharp (1735–1813) für die Abschaffung der Sklaverei und trug

---

310 McFarland, S., Brown, D. & Webb, M. (2013): Identification with all humanity as a moral concept and psychological construct. In: Current Directions in Psychological Science 22, 194–198, hier 194.

311 Ceming, K. (2018): Von Weltenbürgern, Gotteskindern und Buddhakeimlingen. Die Lehre von der universalen Verbundenheit in der westlichen und östlichen Geistestradition. In: G. Hüther & C. Spannbauer (Hg.): Verbundenheit. Warum wir ein neues Weltbild brauchen, Göttingen: Hogrefe, 33–46, hier 38.

312 McFarland, S. (2011): The slow creation of humanity. In: Political Psychology 32, 1–20, hier 2.

313 McFarland (Anm. 312), 3.

dazu bei, dass 1807 der Menschenhandel eingestellt wurde. Knapp fünfzig Jahre später wurde auch in den USA die Sklaverei verboten. Noch einmal acht Jahrzehnte verstrichen, bis am 10. Dezember 1948 die Menschenrechte verkündet wurden, auch als Reaktion auf die entwürdigenden Menschenrechtsverletzungen im Weltkrieg und vorangetrieben von Eleanor Roosevelt, der Gattin des US-Präsidenten, eine Frau, der bescheinigt wurde, herausragende Selbstlosigkeit zu leben.[314]

Menschenrechte garantieren noch kein Gefühl der universalen Verbundenheit, aber sie sind eine Voraussetzung dafür. Dieses Gefühl bewegte eine der spirituellsten Persönlichkeiten des 20. Jahrhunderts, die Große Seele, Mahatma Gandhi:

> *„Die gesamte Menschheit ist eine ungeteilte und unteilbare Familie, und jeder von uns ist verantwortlich für die Missetaten von allen anderen."*[315]

Es gibt imponierende Zeugnisse, welche großartigen Konsequenzen universale Verbundenheit zeitigen kann. Monroe (1996, 92) interviewte Personen, die während des Holocausts unter beständiger Lebensgefahr Juden versteckten. Eine Frau gab zu bedenken:

> *„Genau gleich, wie alle Zellen deines Körpers zusammen deinen Leib bilden, so sind auch wir die Zellen einer großen Gemeinschaft. Nicht ein Land, ich meine die Menschheit. Wir sollten uns stets bewusst sein, dass jede andere Person du selber bist."*[316]

André Trocmé und seine Gattin Magda retteten in Frankreich 3'000 Juden vor der Gaskammer. Gefragt, warum sie dafür ihr Leben riskierten, antwortete der Pastor: „Wir wissen nicht, was ein Jude ist, wir kennen nur Menschen."[317] Der Dalai Lama, der vor den Chinesen flüchten musste und darunter leidet, dass sich mehr als hundert Tibeter selber verbrannten, um gegen die Unterdrückung aus Peking zu protestieren, erwiderte auf die Frage, ob er für die kommunistischen Führer in China bete:

---

314 McFarland (Anm. 312), 11.

315 McFarland (Anm. 312), 8.

316 Monroe, K. (1996): The heart of altruism: Perception of a common humanity, Princeton, New Jersey: Princeton University Press, 96.

317 McFarland, S., Webb, M. & Brown, D. (2012): All humanity is my ingroup: A measure and studies of identification with all humanity. In: Journal of Personality and Social Psychology 103, 830–853, hier 830.

„Natürlich, das sind ja auch Menschen. Auch sie streben nach einem glücklichen Leben. Sie sind meine Brüder und Schwestern."[318]

Aber ist es nicht völlig unrealistisch, sich mit der gesamten Menschheit verbunden zu fühlen? Natürlich ist es unmöglich, mit 7,79 Milliarden Menschen (Stand der Weltbevölkerung: 2019) eine Beziehung zu pflegen. Aber was praktizierbar wäre: Allen Menschen, mit denen uns das Leben zusammenführt, in Respekt und Wertschätzung begegnen, unabhängig, welcher Kultur und Religion sie angehören, egal ob dunkel oder hell, gebildet oder Analphabet, reich oder arm, attraktiv oder Mittelmaß.

Wie sehr fühlen sich Menschen mit der Menschheitsfamilie verbunden? Dies erfragten McFarland, Webb und Brown, inspiriert durch die Psychologen Alfred Adler und Abraham Maslow.[319] Der Begründer der Individualpsychologie beschrieb in seinem späten Werk „Menschenkenntnis" das Gemeinschaftsgefühl als Essenz des Menschseins, das entwickelt werden müsse. In jungen Jahren beziehe es sich auf Familie und Freunde. Aber Erwachsene sollten es zur Menschheit als ganzer ausdehnen, einschließlich der Verstorbenen, ohne die wir nicht wären, und der Ungeborenen.[320] Der Humanistische Psychologe Maslow griff diese Gedanken auf und integrierte sie in seiner Bedürfnispyramide auf der obersten Stufe, jener der Selbstverwirklichung. Männer und Frauen, wenn bis dorthin hochgearbeitet, „haben für menschliche Wesen ein tiefes Gefühl … Es ist, als wären sie alle Mitglieder derselben Familie," auch wenn sie darunter leiden, dass viele Zeitgenoss*innen nicht über ihre Begierden und Interessen hinausdenken können.[321]

McFarland und Mitarbeiter entwickelten einen Fragebogen, der mit neun Items die Identifikation mit der Menschheit als ganzer misst.[322] Das fünfte lautet:

---

318 Dalai Lama (2015): Der Appell des Dalai Lama an die Welt: Ethik ist wichtiger als Religion, Wal: Red Bull Media House, 43 f.
319 McFarland, Webb & Brown (Anm. 317).
320 Adler, A. (2008): Menschenkenntnis, Köln: Anaconda, 35 f.
321 Maslow, A. (1981): Motivation und Persönlichkeit, Reinbek: rororo, 196 f.
322 McFarland, Webb & Brown (Anm. 317).

„Wie stark identifizierst Du Dich mit folgenden drei Gruppen, wobei Identifikation meint: Ein Teil von ihnen sein, sie lieben, sich um sie kümmern:

a. Die Menschen in meiner Gemeinschaft („community“)
b. Amerikaner
c. Alle Menschen überall“.

Studierende wie auch berufstätige Erwachsene identifizierten sich am stärksten mit ihrer Gemeinschaft, sodann mit den Bewohnern ihres Landes, und deutlich seltener (15%) und schwächer mit der Menschheit.[323] Aber: Je weitreichender die Verbundenheit, desto:

- geringerer Ethnozentrismus, erhoben mit Items wie: „Die meisten Menschen in anderen Kulturen wären glücklicher, wenn sie so leben würden wie wir“.
- Schwächere Orientierung an sozialer Dominanz: „Einige Gruppen sind nun einmal minderwertiger als andere Gruppen.“
- Geringere Zustimmung zu autoritären Ansichten: „Es ist allemal besser, dem Urteil der rechtmäßigen Autoritäten in Politik und Religion zu gehorchen als Volksverhetzern, die die Bürger zum Zweifeln bringen wollen.“
- Stärkere Reflexion, die an moralischen Prinzipien orientiert ist.
- Mehr Empathie.
- Höhere moralische Identität: Mitfühlend, fürsorglich und gerecht leben.[324]

Welche Persönlichkeitseigenschaften begünstigen es, die Menschheit als Familie zu sehen? Insbesondere Offenheit für neue Erfahrungen, sodann ein liebenswürdiges Wesen, gefolgt von Gewissenhaftigkeit und Extraversion. Personen, leicht besorgt und ängstlich (Neurotizismus), tun sich schwerer, umfassende Verbundenheit einzugehen, verständlich, weil sie stärker auf sich selbst fixiert sind.[325] Auch Hamer, McFarland und Penczek befragten 334 polnische Student*innen und fanden signifikante Zusammenhänge zwischen globaler Verbundenheit und Offenheit für neue

323 McFarland, Brown & Webb (Anm. 310), 195.
324 McFarland, Webb & Brown (Anm. 317), 836.
325 McFarland, Webb & Brown (Anm. 317), 840.

Erfahrungen, aber auch mit universaler Toleranz sowie mit Empathie.[326] Unmöglich ist universale Verbundenheit, wenn Männer und Frauen Überzeugungen teilen, die zum rechten Autoritarismus zählen („Was unser Land am meisten nötig hat, ist Disziplin"), und wenn sie soziale Dominanz und Sozialdarwinismus befürworten, gemäß dem die Stärkeren überleben sollen.

Neben den gut zur Hälfte genetisch festgelegten Persönlichkeitseigenschaften erschweren oder erleichtern auch erzieherische Einflüsse die Bildung universaler Verbundenheit. Werden Kinder harsch erzogen und oft bestraft, wachsen sie zu Konformisten heran, die das Fremde für bedrohlich halten und soziale Kontrolle favorisieren. Kinder hingegen, mit viel Zuneigung und Liebe begleitet, werden autonomer, sehen die Welt als sicheren Hafen und treten für Freiheit und Offenheit ein, auch Fremden gegenüber.[327]

Wie lässt sich soziale Verbundenheit vertiefen, die über den Nahbereich hinausgeht? Eine traditionsreiche Strategie geht auf Buddha zurück: Die Metta-Meditation, zumeist als „loving-kindness Meditation" bezeichnet.[328] In dieser senden Praktizierende Sätze der liebenden Güte zunächst an sich selber: „Möge ich im Frieden sein". Sodann an vertraute Personen: „Möge er/sie glücklich sein". Und schließlich an alle Menschen: „Möge es allen gut ergehen!", bis hin zu den Verstorbenen: „Mögen sie ins Licht eingegangen sein."

Schon kurzes solches Meditieren stärkt Verbundenheit. Hutcherson, Seppala und Gross (2008) bildeten zwei Gruppen.[329] Die Angehörigen der ersten schlossen vier Minuten lang die Augen und ließen einer nahestehenden Person Liebe zuströmen. Die zweite Gruppe imaginierte je-

---

326 Hamer, K., McFarland, S. & Penczek, M. (2019): What lies beneath? Predictors of identification with all humanity. In: Personality and Individual Differences 141, 258–267.

327 Duckitt, J. (2001): A dual-process cognitive–motivational theory of ideology and prejudice. In: Advances in Experimental Social Psychology 33, 41–113, hier 52 f.

328 Salzberg, S. (1995): Loving-kindness: The revolutionary art of happiness, Boston: Shambala Publications.

329 Hutcherson, C.A., Seppala, E.M. & Gross, J.J. (2008): Loving-kindness meditation increases social connectedness. In: Emotion 8, 720–724.

manden aus dem Bekanntenkreis und sollte dabei auf physiognomische Details achten. Hernach betrachteten beide Gruppen die Gesichter von Fremden und gaben an, wie sehr sie sich mit diesen verbunden fühlen und wie deren Charakter sei. Wer die liebende Meditation praktiziert hatte, schätzte die Fremden als freundlicher und vertrauenswürdiger ein und beteuerte tiefere Verbundenheit mit ihnen.

Metta-Meditation wirkt sich nicht nur für Fremde positiv aus, weil sie unwahrscheinlicher zurückgewiesen oder misstrauisch beäugt werden, sondern auch für die Meditierenden selber. Bei 62 Meditierenden, die allen Menschen Güte und Liebe zusendeten, verlangsamten sich schon nach zwölf Wochen die biologischen Alterungsprozesse, die über die Länge der Telemore, die Endkappen der Chromosonen, gemessen wurden.[330] Vertieft wird soziale Verbundenheit auch durch die Meditation der Achtsamkeit, wenn Personen versuchen, unvoreingenommen im Hier und Jetzt zu sein, was von innerem Geschwätz ablenke und für andere offen mache. Studierende, nachdem sie eine kurze Achtsamkeitsmeditation nach Kabat-Zinn[331] praktiziert hatten, verspürten tiefere soziale Verbundenheit als eine Kontrollgruppe, die sich einer Muskelentspannung hingegeben hatte.[332]

Auch Oxytocin begünstigt universale Verbundenheit. Dieses Hormon, im Griechischen, „schnell gebärend" bedeutend, funktioniert auch als Neurotransmitter, löst den Geburtsvorgang aus, stimuliert den Milchfluss, bindet die Mutter unzertrennlich an ihr Neugeborenes und beeinflusst soziales Verhalten massiv. Das Kuschelhormon wird nicht ausgeschüttet, wenn Menschen mit ihren Fingerkuppen 500 Euro-Scheine streicheln, sondern dann, wenn sie sich umarmen und körperlich guttun.[333]

---

330 Le Nguyen, K.D. et al (2019): Loving-kindness meditation slows biological aging in novices: Evidence from a 12-week randomized controlled trial. In: Psychoneuroendocrinology 108, 20–27.

331 Kabat-Zinn, J. (2020): Das heilende Potenzial der Achtsamkeit: Eine neue Art, zu sein, Freiburg i.Br.: Arbor.

332 Aspy, D.J. & Proeve, M. (2017): Mindfulness and loving-kindness meditation: Effects on connectedness to humanity and the natural world. In: Psychological Reports 120, 102–117.

333 Veeninhg, J.G. et al (2014): The role of oxytocin in male and female reproductive behavior. In: European Journal of Pharmacology 753, 209–228.

Bis vor wenigen Jahren wurde angenommen, Oxytocin entfalte seine verbindende Wirkung nur im sozialen Nahbereich.[334] Mittlerweile liegen Indizien vor, dass das Neuropeptid auch die Verbundenheit mit Fremden begünstigt. Kosfeld verabreichte einigen Freiwilligen Oxytocin, das in die Nasen gesprüht wurde – weil hier die Blut-Hirn-Schranke am leichtesten überwunden wird –, anderen Teilnehmer*innen ein Placebo.[335] Sodann erhielten sie 12 Geldeinheiten und es wurde ihnen gesagt, sie könnten von ihren Münzen eine beliebige Anzahl an eine fremde Person überweisen, bei der der Betrag durch die Leiter des Experiments vervierfacht werde, und die dann entscheiden könne, wieviel sie dem Investor zurückgibt. Wer alle 12 Einheiten einsetzt, kann damit rechnen, zwischen null und 48 zu erhalten, wer nur zwei, zwischen null und acht. Die mit Oxytocin Stimulierten investierten mehr Geld als jene in der Placebosituation, erklärbar damit, dass sie Fremden stärker vertrauten. Personen, die Oxytocin verabreicht bekamen, legten auch einen stärkeren globalen Altruismus an den Tag als eine Kontrollgruppe.[336]

Eine politisch brisante Studie führte Shamay-Tsoory in Israel durch.[337] Freiwillige ließen sich Oxytocin verabreichen, worauf ihnen Bilder von Personen gezeigt wurden, die Schmerzen litten, teils Landsleute, erkennbar an Namen wie Moshe, teils Palästinenser wie Ahmed. Im Vergleich zu einer Placebogruppe zeigten die Israelis stärkere Empathie mit den Palästinensern, aus deren Lagern regelmäßig Raketen abgefeuert werden.

Auch „Spiritualität“ im Sinne von universaler Verbundenheit wird durch Oxytocin vertieft. Van Cappellen und Mitarbeiter verabreichten 41 Männern, bevor sich diese in eine 20minütige Meditation versenkten, Oxy-

334 De Dreu, C. et al (2011): Oxytocin promotes human ethnocentrism. In: Proceedings of the National Academy of Sciences 108, 1262–1266.

335 Kosfeld, M. et al (2005): Oxytocin increases trust in humans. In: Nature 435, 673–676.

336 Israel, S. et al (2012): Oxytocin, but not vasopressin, increases both parochial and universal altruism. In: Psychoneuroendocrinology 37, 1341–1344.

337 Shamay-Tsoory, S. et al (2013): Giving peace a chance: Oxytocin increases empathy to pain in the context oft he Israeli-Palestinian conflict. In: Psychoneuroendocrinology 38, 3139–3144.

tocin.[338] Danach bearbeiteten sie Fragebögen, auch die Skala Spirituelle Selbsttranszendenz von Piedmont.[339] Im Vergleich zu einer Placebogruppe stimmten sie Items wie „Auch wenn einige Menschen schwierig sind, spüre ich ein emotionales Band mit der gesamten Menschheit", stärker zu. Auch verspürten sie häufiger selbsttranszendente Emotionen wie Ehrfurcht, Dankbarkeit, Inspiration, Liebe. Diese Effekte, die nicht nur beglücken, sondern auch sozial verbinden, bestanden auch nach einer Woche noch.

Es ist nicht erforderlich, sich Oxytocin in die Nase zu sprühen, um leichter Gefühle universaler Verbundenheit zu entwickeln. Wenn Menschen zueinander zärtlich sind, sich umarmen, einander im sozialen Nahbereich vertrauen, können auch die Grenzen hin zu universaler Verbundenheit durchlässig werden.

Universelle Verbundenheit setze voraus, eine universale Perspektive einnehmen zu können. Gemäß der gängigen Entwicklungspsychologie geschehe dies kaum vor dem Erwachsenenalter, wenn überhaupt. Lawrence Kohlberg, in seiner Stufentheorie des moralischen Urteils, beschrieb eine Stufe 6: „Glaube an die Heiligkeit menschlichen Lebens, in dem sich der universelle Wert der Achtung für jeden einzelnen Menschen manifestiert."[340] Nur die wenigsten Menschen würden diese erreichen. Die soziale Perspektive jüngerer Kinder hingegen sei konkret-individuell und egozentrisch.

Dem ist entgegenzuhalten, dass auch Kleinkinder zu Mitgefühl fähig sind, weil auch ihr Gehirn ein „empathisches" ist.[341] Unvergesslich bleibt aus der Studienzeit auf einem Spielplatz in einem sozialen Brennpunkt, wie im Sandkasten vietnamesische Kinder neben afrikanischen saßen,

---

338 Van Cappellen, P. et al (2016): Effects of oxytocin administration on spirituality and emotional responses to meditation. In: Social Cognitive and Affective Neuroscience 11, 1579–1587.
339 Piedmont, R.L. (1999): Does spirituality represent the sixth factor of personality? Spiritual transcendence and the five-factor model. In: Journal of Personality 67, 985–1013.
340 Kohlberg, L. (1995): Die Psychologie der Moralentwicklung, Frankfurt/M.: Suhrkamp, 55.
341 Keysers (Anm. 43).

schweizerische neben türkischen, und wie sie miteinander spielten, sich die Plastikschäufelchen und Kuchenformen ausliehen. Begriffe wie „Menschheit“ oder „universal“ waren für sie noch nicht verständlich. Aber indem sie über kulturelle und ethnische Grenzen hinweg kooperierten, haben sie universale Verbundenheit praktiziert. Wie in vielem anderen auch, wurden jüngere Kinder bezüglich ihrer Fähigkeit zu sozialer Verbundenheit unterschätzt.[342] Ebenso in ihrer Gabe, Verbundenheit mit etwas Höherem und Transzendenten aufzubauen.

342 Nach wie vor: Dornes, M. (1993): Der kompetente Säugling. Die präverbale Entwicklung des Menschen, Frankfurt/M.: Fischer.

Viertes Kapitel

4. Verbundenheit mit Transzendenz

Während meiner Jugendzeit erkrankte ein Mädchen aus unserer Clique an einem schweren Karzinom. Attraktiv, lebenslustig, gerne auf Partys, im Gymnasium zielstrebig und begabt, haderte sie anfänglich schwer mit ihrem Schicksal, als der Unterschenkel amputiert werden musste und sie im Rollstuhl saß, erst recht. Doch wie die Krankheit unaufhaltsam voranschritt, fügte sie sich und sprach – so der Bericht ihrer Eltern – auf dem Sterbebett immer wieder das Gebet des Schweizer Mystikers Nikolaus von Flüe:

Mein Herr und mein Gott,
nimm alles von mir,
was mich hindert zu dir.

Mein Herr und mein Gott,
gib alles mir,
was mich führet zu dir.

Mein Herr und mein Gott,
nimm mich mir
und gib mich ganz zu eigen dir.

Sie sei friedlich entschlafen, geborgen in ihrem Glauben an Gott, der Verbundenheit ermöglichte, wo diejenige mit den Menschen und der Natur zerrissen wurde.

Das Kapitel beginnt mit Ausführungen darüber, wie diese Verbundenheit entstanden ist, zunächst evolutionär, sodann individualgeschichtlich (4.1).[343] Anschließend werden Transzendenz- und Gotteskonzepte von spirituell weit entwickelten Persönlichkeiten beschrieben (4.2), bevor die

343 Ausführlicher: Bucher, A. (2018): Gott. Die evolutions- und entwicklungspsychologische Perspektive. In: E. Mayerhofer (Hg.): Suchen und Fragen nach Gott, Wien: Lit, 115–157.

wünschenswerten Effekte solcher Verbundenheit erörtert werden, speziell für das existenzielle Wohlbefinden und die Sozialität (4.3).

4.1 Wie verbindende Transzendenz geworden ist und wird

Wie kamen unsere Vorfahren dazu, an übernatürliche Agenten zu glauben? Imaginieren wir uns Jäger, die in der Savanne von einem Gewitter überrascht werden. Ein Blitz schlägt in einen Affenbrotbaum ein, der zu brennen beginnt. Wie erklärten sie sich dies? Die meisten dürften in ihrem Leben schon brennende Fackeln geworfen haben, um Feinde abzuwehren. Genau gleich könnten sie sich den Blitz erklärt haben: Dass dieser von jemand anders, größer als sie selbst, herabgeschleudert wurde, wie der Mjölnir durch Thor.

Wir Menschen sind mit einem sensiblen Aktivitätserkennungssystem ausgestattet. Dieses regt sich dann, wenn wir beim Einschlafen unerwartete Geräusche in der Wohnung hören. Ein Einbrecher? Gemäß diesem System werden Vorkommnisse als Aktionen möglicher anderer gedeutet, was die Amygdala aktiviert und uns wachsam stimmt. Hörten unsere Vorfahren im Dschungel ein Knacken: Ein Raubtier? Wahrscheinlicher war ein Tannenzapfen herabgefallen. Aber besser war es, hundertmal umsonst erschrocken zu sein als einmal zu wenig und zwischen den Zähnen des Säbelzahntigers zu enden. Aus diesem System seien, wenn sich unsere Vorfahren in vagen Situationen befanden, alle die Götter, Geister und Dämonen entsprungen, die die Pantheone der Menschheit bevölkern und die Vorkommnisse in der Welt als ihre Interventionen erklärten.[344]

Um übernatürliche Akteure hervorzubringen, ist vorausgesetzt, dass sich Menschen eine Theorie des Geistes angeeignet haben. Diese befähigt, sich in andere hineinzuversetzen und ihnen Intentionen zuzuschreiben, die aus eigenem Erleben bekannt sind.[345] Dies ermöglicht, Interaktionen besser zu kalkulieren und erklärt, warum übernatürliche Akteure anth-

---

344 Guthrie (Anm. 89).
345 Brüne, M. & Brüne-Cohr, U. (2006): Theory of mind – evolution, ontogeny, brain mechanism and psychopathology. In: Neuroscience and Biobehavioral Reviews 30, 437–455.

ropomorph sind und sich wie Menschen gebärden, Zeus lüstern wie ein Mann in der Midlife-Krise, Hera entsprechend eifersüchtig. Auch Schimpansen verfügen über eine rudimentäre Theorie des Geistes. Bei Kindern ist sie ab dem dritten vierten Lebensjahr entwickelt.[346] Von diesem Alter an können sie auch Gottesvorstellungen bilden.

Freilich, nicht alle übernatürlichen Akteure waren dergestalt beschaffen, dass Menschen sich mit ihnen verbunden fühlten, im Gegenteil. Viele erzeugten Furcht und Schrecken, so die grässliche Schlange Apophis im alten Ägypten, die jede Nacht den Sonnengott Re zu verschlingen drohte. Oder jene Götter, von denen geglaubt wurde, sie bräuchten Menschenopfer, der aztekische Kriegsgott Huitzilopochtli jedes Jahr um die 10'000 Gefangene, denen das Herz aus der Brust geschnitten wurde, um mit dem Blut die Sonne zu nähren. Oder die Kulturen, die Kinder opferten, weil anderenfalls die Fruchtbarkeit ausbleibe, die Kanaaniter ebenso wie die Inkas.[347] In der Kreation furchterregender Dämonen und dunkler Götter war die menschliche Phantasie – wie das Lexikon von Biedermann belegt[348] – unerschöpflich. Solche Gottesbilder „sind mit den ältesten, primitivsten Strukturen des Gehirns verbunden",[349] dem limbischen System, speziell der Amygdala, dem Angstzentrum, dessen Überstimulierung „das emotionale Bild eines furchterregenden, autoritären und strafenden Gottes (erzeugt)."[350] Die Auswirkungen auf die Psyche können desaströs sein: Angst, Minderwertigkeit, Skrupulosität, Depression.[351]

---

346 Sodian B., Perst H., Meinhardt J. (2012): Entwicklung der Theory of Mind in der Kindheit. In: H. Förstl (Hg.) Theory of Mind, Berlin, Heidelberg: Springer https://doi.org/10.1007/978-3-642-24916-7_6

347 Hirsch, M. (2006) (Hg.): Das Kindesopfer – eine Grundlage unserer Kultur: Gießen: Verlag psychosozial.

348 Biedermann, H. (1993): Dämonen, Geister, dunkle Götter. Lexikon der furchterregenden mythischen Gestalten, Bindlach: Gondrom Verlag.

349 Newberg, A. & Waldman, M.R. (2010): Der Fingerabdruck Gottes. Wie religiöse und spirituelle Erfahrungen unser Gehirn verändern, München: Kailash, 157.

350 Newberg & Waldman (Anm. 349), 74.

351 Bucher, A. (2017): Zornig und strafend – oder zu milde? Negative Gottesbilder. In: C. Zwingmann, C. Klein, F. Jeserich (Hg.): Religiosität: Die dunkle Seite. Beiträge zur empirischen Religionsforschung, Münster: Waxmann Verlag, 23–42.

Aber übernatürliche Agenten ermöglichten auch andere Erfahrungen. So die, sich beobachtet zu wähnen, was dazu motiviert, sich an Regeln zu halten, auch wenn man alleine ist. Ein Jäger, allein neben einem erlegten Mammut, widerstand eher der Verlockung, für sich die besten Stücke herauszuschneiden, wenn er glaubte, eine Gottheit schaue auf ihn herunter. Dieser Effekt greift bis heute: Student*innen waren in einem Verteilungsspiel großzügiger, wenn sie zuvor Stimuli von Gott gesehen hatten.[352] In Boxen für Kaffeegeldspenden wurde mehr eingeworfen, wenn auf diese ein streng blickendes Augenpaar gemalt worden war.[353] Mehr Prosozialität aufgrund des Glaubens an übernatürliche Agenten stärkt soziale Verbundenheit. Und noch mehr ein Phänomen, das sich in jeder Religion entwickelte: Rituale. Menschen, wenn sie stundenlang um ein Feuer tanzen, trommeln, chanten, geraten in veränderte Bewusstseinszustände, vergessen sich, wachsen zu einer untrennbaren Gruppe zusammen und werden empfänglicher für Vorstellungen von Geistern, Seelen, Leben nach dem Tod, magischen Fähigkeiten, Gott.[354]

Schon ab dem späten Pleistozän (ca. 70‘000 Jahre) waren unsere Vorfahren fähig, mystische Einheitserfahrungen zu machen. Dabei verringert sich im Orientierungsareal, das registriert, wo die Körpergrenzen sind, die Aktivität, was als Verfließen erlebt wird, als Ausdehnung des Selbst und gleichzeitiges Einströmen des Außen in dieses, was tiefe Einheit schafft.[355] Es werden Botenstoffe wie Dopamin ausgeschüttet, die Entzücken, Freude, Frieden, tiefe Dankbarkeit hervorrufen.[356] Von daher

---

352 Shariff, A.F. & Norenzayan, A. (2007): God is watching you. Primed God concepts increases prosocial behavior in an anonymous economic game. In: Psychological Science 18, 803–809.

353 Bateson, M. et al (2006): Cues of being watched enhance cooperation in a real world setting. In: Biology Letters 2, 412–414.

354 McClenon, J. (2006): The ritual healing theory: Therapeutic suggestion and the origin of religion. In: P. McNamara (Ed.): Where God and science meet, Westport & London: Praeger, 135–158.

355 Newberg, A. et al (2003): Cerebral blood flow during meditative prayer: Preliminary findings and methodological issues. In: Perceptual and Motor Skills 97, 625–630.

356 Previc, F.H. (2006): The role of extrapersonal brain systems in religious activity. In: Consciousness and Cognition 15, 500–539.

könnte sich – so Newberg, d'Aquili und Rause „höchst spekulativ"– eine spirituelle Gottes- und Einheitserfahrung im Pleistozän folgendermaßen abgespielt haben. Ein Jäger pirschte tagelang auf der Suche nach Beute durch einen Wald und imaginierte sich einen Hirsch:

> *„Es ist denkbar, dass die Fixierung des Jägers auf das Bild des Hirsches die gleiche neurologische Reaktion auslöst und ihn in einen ähnlichen Einheitszustand versetzt. So wie sich christliche Mystiker freudig mit der transzendenten Wirklichkeit Jesu vereinigen ..., so fühlt sich der Jäger vielleicht von einer mächtigen, urtümlichen Gottheit umfangen – einem der großen Tiergeister, die zu den ersten Göttern der Menschheit zählen."*[357]

Auch Kinder sind, früher als traditionell angenommen, in der Lage, Gottesvorstellungen hervorzubringen. Für Freud war der Gott eines Kindes nichts anderes als sein in den Himmel „überhöhter Vater",[358] wobei diese Projektion erst in der ödipalen Phase erfolge, im vierten, fünften Lebensjahr. Dem gegenüber zeigte die Neoanalytikerin Rizzuto, dass Kinder viel früher fähig sind, innere Gottesrepräsentationen zu entwickeln, die auf die oralen Kontakte mit der Mutter zurückgehen und ihm Geborgenheit schenken.[359]

Schon Drei- bis Vierjährige imaginieren sich Gott als anthropomorphe Gestalt, die aber mehr könne als andere Lebewesen. Justin Barrett zeigte jüngeren Kindern eine Schachtel, auf der Kekse zu sehen waren, sowie eine verschlossene Tüte.[360] „Wo würdest Du nach Keksen suchen?" Alle antworteten: „In der Schachtel." Sodann wurde ihnen gezeigt, dass sich in dieser faktisch Steine befanden und die Kekse in der Tüte waren. „Wo würde deine Mutter nach Keksen suchen?" Die meisten Dreijährigen antworteten: „In der Tüte!" Aber Vierjährige meinten: „In der Schachtel!" und stellten damit unter Beweis, dass sie sich in die Mutter hineinver-

---

357 Newberg, d'Aquili & Rause (Anm. 97), 185 f.

358 Freud, S. (1974): Kulturtheoretische Schriften, Studienausgabe Band 9, Frankfurt/M.: Fischer, 431.

359 Rizzuto, A.M. (1979): The birth of the living God. A psychoanalytic study, Chicago: Chicago University Press.

360 Barrett, J.L. et al (2001): God's beliefs versus mother's: development of nonhuman agent concepts. In: Child Development 72, 50–65.

setzen konnten. „Wo würde Gott die Kekse suchen?“ Schon die jüngsten Kinder antworteten: „In der Tüte.“ „Und warum?“ „Weil er alles weiß!“

Schon in diesem Alter bringen Kinder kraft ihrer Phantasie imaginäre Gefährten hervor, mit denen sie sich eng verbunden fühlen. Meine älteste Tochter, als sie vier Jahre zählte, bestand darauf, einen zusätzlichen Teller auf den Esstisch zu stellen: „Für Zini. Die ist aus Russland. Der kann ich alles sagen.“ Die unsichtbaren Freunde von Kindern weisen Ähnlichkeiten mit ihren Gotteskonzepten auf. Auch ihnen werden mehr Fähigkeiten zugesprochen als einem Hund oder einem realen Freund.[361] Als sich um 1900 die wissenschaftliche Kinderpsychologie etablierte, galt es als mentale Störung, wenn sich Kinder mit imaginären Freunden abgaben. Mittlerweile ist gut gesichert: Kinder mit solchen Gefährten sind kreativer, sozialer, glücklicher.[362] Unsichtbare Freunde können bis ins Jugendalter lebendig bleiben, oft in kritischen Situationen, in denen sie hilfreich wirken.[363]

Empfänglich sind Kinder für viele magisch-religiöse Gestalten, allen voran für Schutzengel. Tobin Hart, ein klinischer Psychologe, berichtet, wie er an der Bettkante seiner dreijährigen Tochter saß, die plötzlich anfing, von den Schutzengeln zu erzählen, die hier im Zimmer seien. Anfänglich befürchtete er ein präpsychotisches Syndrom. Aber dieses Erlebnis motivierte ihn, die spirituelle Innenwelt der Kinder behutsam zu erforschen.[364] Und er fand, dass für die meisten Kinder Engel wirklich sind und als beschützend erlebt werden. Auch viele Erwachsene glauben an Schutzengel, einer Umfrage des Magazins Geo zufolge zwei Drittel, zwei

361 Wigger, B., Paxson, K. & Ryan, L. (2013): What do invisible friends know? Imaginary companions, God, and theory of mind. In: International Journal for the Psychology of Religion 23, 2–14.
362 Hoff, E. (2005): Imaginary companions, creativity, and self-image in middle childhood. In: Creativity Research Journal 17, 167–180.
363 Pearson, D. et al (2001): Prevalence of imaginary companions in a normal child population. In: Child Care Health and Development 27, 13–22.
364 Hart, T. (2007): Die spirituelle Welt der Kinder: Wie Sie ihre verborgenen Fähigkeiten verstehen und fördern, München: Kailash.

Prozent mehr als an Gott, ein starkes Indiz für das Bedürfnis nach persönlicher Fürsorge und wohl auch Verbundenheit.[365]

4.2 Allverbindende Gottesbilder

Viele Religionen vertraten und vertreten den Anspruch, sie hätten *den* Gott entdeckt. Faktisch existierten und existieren unüberschaubar viele, unterschiedlichste Götter: Der grausame Ares bei den alten Griechen, daneben die anmutige Eos, Göttin der Morgenröte, gelockt und rosenfingrig. Es gab Götter, die für Partielles zuständig waren, so Ah Mucen Cab bei den Mayas für den Honig, und solche mit kosmischer Reichweite, so Aton, von dem Pharao Echnaton dichtete: „Alles, was die Sonne umschließt, ist Aton. Der Herr des Himmels, der Herr des Landes und der Herr des Hauses ist Aton, am Horizont ist Aton."[366] Letztere sind für spirituelle Verbundenheit relevanter als lokale Gottheiten.

Als Kind imaginierte ich mir Gott als großen Mann, der oben im Himmel wohnt, mit schlohweißem Haar, unveränderlich, sodass ihm das lästige Haarschneiden erspart blieb. Er blickte herunter, bald wohlwollend, bald missbilligend, und sorgte dafür, dass die Pflanzen wuchsen, zur rechten Zeit der Regen kam. Es war möglich, mit ihm zu handeln: „Ich werde siebenmal in die Maiandacht gehen, und dann wird er bei der schwierigen Aufnahmeprüfung ins Gymnasium helfen." Er half. Wäre ich damals gefragt worden, ob Gott auch in einem Stein oder in mir drinnen sein könne, hätte ich den Kopf geschüttelt.

Spirituelle Gotteserfahrungen zeichnen sich dadurch aus, dass Gott verinnerlicht und zugleich entgrenzt wird. In einer unserer Studien über Spiritualität führte ein 36jähriger aus:

> *„Gott, Gott ist alles, Gott durchdringt alles, Gott ist alles, und wir im Innersten sind Gott und effektiv nur eine Spielform, die aus ihm entstanden ist … Auf der anderen Seite muss ich irgendeine Vorstellung haben, wenn ich an Gott denke, und da ist er Licht, ein Zentrum, das ausstrahlt."*

---

365 https://www.welt.de/gesundheit/article1369987/Warum-Schutzengel-heilen-helfen.html (20.829021)

366 Echnaton (2007): Sonnenhymnen. Ägyptisch/deutsch, Stuttgart: Reclam.

Ohne Licht wäre schlechterdings nichts. Von daher ist es völlig angemessen, dass im biblischen Schöpfungsbericht das Licht am ersten Tag erschaffen wurde (Gen 1,3), die Sonne erst am vierten (Gen 1,16). – Eine Studentin:

> *„Für mich gibt es Gott. Gott ist für mich in jedem Wesen inkludiert, jedes Lebewesen ist ein Teil von ihm, wir alle sind ein Teil von Gott. Gott ist das Ganze, die Einheit, das ganze Universum. Du bist ein Teil von Gott, ich, alle Tiere, alle Pflanzen, Steine auch, Mineralien. Er ist auch Energie, positive Energie, Licht und Liebe."*

Dass Gott in allem sei, wurde oft als Pantheismus kritisiert. Das Erste Vatikanische Konzil (1870–1871) hielt ausdrücklich fest, Gott sei „als wirklich und wesentlich von der Welt verschieden (zu) verkünden",[367] weil er sie aus dem Nichts erschaffen habe und über ihr stehe. Es sei pietätlos, über Gott, der transzendent sei, so zu reden wie über die endliche Welt. Doch bedeutende Theolog*innen, Philosoph*innen und vor allem Mystiker*innen vertraten pantheistische Sichtweisen, zumindest panentheistische, wonach die Welt zwar in Gott sei, dieser die erstere aber noch einmal übersteige. Baruch Spinoza (1632–1677): „Ich behaupte eben, dass alles in Gott lebt und webt."[368] Meister Eckehart fragte, ob ein Mensch, der in der Kirche betet, Gott mehr erkennt als einer, der übers Feld schreitet. Keinesfalls, „denn Gott ist gleicherweise in allen Dingen und an allen Stätten und ist bereit, sich in gleicher Weise zu geben."[369] Auch viele indigene Religionen, die die Natur sorgsamer behandeln, sind pantheistisch. Die Sioux-Indianer glauben an Wakan, eine geheimnisvolle Schöpfer- und Lebenskraft, die die gesamte Natur hervorbringt und durchdringt. Und die Algonkin-Indianer verehren Manitu, die göttliche Kraft, die in allen Dingen enthalten ist und sie miteinander verbindet.[370]

---

367 Denzinger, H. ([42]2009): Kompendium der Glaubensbekenntnisse und kirchlichen Lehrentscheidungen, Freiburg i.Br.: Herder, 813, Abs. 3001.

368 Spinoza, B. (1986): Briefwechsel. herausgegeben von Manfred Walther. Dritte Auflage. Hamburg: Felix Meiner Verlag, 276.

369 Eckehart (Anm: 226), 324.

370 Feest, C. (1998): Beseelte Welten – Die Religionen der Indianer Nordamerikas. In: Kleine Bibliothek der Religionen, Bd. 9, Freiburg i.Br.: Herder.

Mystiker*innen bezeugten auch, der kosmische Gott müsse verinnerlicht werden, unnachahmlich in Verse gekleidet von Angelus Silesius (1624–1677):

> *„Halt an, wo läufst du hin? Der Himmel ist in dir;*
> *suchst du Gott anderswo, du fehlst ihn für und für.“*[371]

> *„Wird Christus tausendmal zu Bethlehem geboren*
> *und nicht in dir, du bleibst noch ewiglich verloren.“*[372]

Auch die Verbundenheit mit etwas Transzendentem, Göttlichen zeitigt segensreiche Effekte, auf die Gesundheit, die seelische (4.3.1) wie die körperliche (4.3.2), ebenso auf das gesellschaftliche Zusammenleben (4.3.3).

4.3 Der Nutzen transzendentaler Verbundenheit

4.3.1 Wohltuend für die Psyche

Wie ergeht es einem jungen Familienvater, der mit metastasiertem Karzinom auf der Onkologie liegt, die Schmerzen zwar gedämpft, aber unheilbar, alles eine Frage von Tagen? Wohl tief traurig, verzweifelt, voller Hader, weil er nicht wird mitansehen können, wie sein Sohn heranwächst. Doch der Patient anvertraute der Psychoonkologin Monika Renz:

> *„Plötzlich spielte die Trauer keine Rolle mehr. Es gab keine Zeit mehr. Alles war wie ein großes Sein und ich all-eins. So sehr all-eins, dass das Gefühl, einsam zu sterben, gar nicht mehr existierte, ich war seiend. Auch mein kleiner Sohn war mit mir und zugleich nicht da.“*[373]

Dieses Phänomen der Verbundenheit mit dem Sein an den äußersten Grenzen des Lebens wurde der Seelsorgerin von vielen Patient*innen authentisch geschildert. Eine zuvor sportliche Fünfzigjährige, die durch einen Sportunfall Tetraplegikerin geworden war: „Christus ist in mir, von Kopf bis Fuß, ich kann nicht erklären wie.“[374] Eine junge Patientin,

---

371 Angelus Silesius (1923): Sämtliche poetische Werke, Berlin: Propyläen-Verlag 32. Der cherubinische Wandersmann, Buch 1, 82.

372 Angelus Silesius (Anm. 371), 30. Der cherubinische Wandersmann, Buch 1, 61.

373 Renz, M. (2010): Grenzerfahrung Gott. Spirituelle Erfahrungen in Krankheit und Tod, Freiburg i.Br.: Herder, 186.

374 Renz (Anm. 373), 220.

die bisher allem Religiösen gegenüber skeptisch war: „Ich werde in die höchsten Höhen geführt und erfahre Überblick, bis schließlich einfach alles Licht wird.“[375] Licht ist ein universales Symbol eines kosmischen Gottes und zugleich Symbol des Lebens.

Transzendentale Verbundenheit weist den Vorzug auf, dass sie auch dann bestehen bleibt, wenn der Mensch von der Natur isoliert wird und soziale Bande zerrissen werden. Mehr noch: Soziale Isolation kann bewirken, dass spirituelle Bindungen stärker werden. Türkische Immigranten wiesen bei religiös-spirituellen Skalen höhere Werte auf als in der Bundesrepublik Geborene. Studierende, die gebeten wurden, sich an die bitterste Ausgrenzung ihres Lebens zu erinnern und darüber einen Essay zu schreiben, stimmten dem Item „Ich habe oft ein starkes Gefühl der Gegenwart Gottes“ mehr zu als jene, die einen Aufsatz über die beglückendste Gemeinschaftserfahrung abgefasst hatten. Auch stellten sich sozial Zurückgewiesene als weniger aggressiv heraus, wenn sie bedachten, dass spirituelle Verbundenheit in ihrem Leben schon tröstlich war.[376]

Durch Verbundenheit mit Transzendenz können Menschen auch in ausweglosen Situationen davor bewahrt bleiben, in dunkle Depression abzugleiten und von lähmenden Ängsten ausgehöhlt zu werden. Zahlreiche Studien belegen, dass Menschen, wenn transzendental verbunden, sei es in einer Religion, sei es in individueller Spiritualität, ein deutlich geringeres Risiko haben, klinisch depressiv zu werden. Bonelli sichtete 178 methodisch einwandfreie Studien und fand: 119 (67%) wiesen einen negativen Zusammenhang zwischen Spiritualität und Depressivität nach.[377] Besonders stark ist das Schutzpotenzial von spiritueller Verbundenheit bei Risikogruppen, etwa Depression der Eltern. In einer zehn Jahre umfassenden prospektiven Studie zeigten Miller und Mitarbeiter, dass Personen, die Spiritualität als wichtig eingeschätzt hatten, in der nächsten

375 Renz (Anm. 373), 190.

376 Aydin, N., Fischer, P. & Frey, D. (2010): Turning to God in the face of ostracism: Effects of social exclusion on religiousness. In: Personality and Social Psychology Bulletin 36, 742–753.

377 Bonelli, R. et al (2012): Religious and spiritual factors in depression: Review and integration of the research. In: Depression Research and Treatment, Article ID 962860, 1–9.

Dekade 73 Prozent seltener in die psychische Volkskrankheit Nummer 1 absanken.[378]

Wie ist dieser Effekt zu erklären? Möglicherweise lassen spirituelle Personen Stressfaktoren weniger massiv in sich eindringen. Allemal Stress ist die Diagnose „malignes Karzinom". Eine Patientin, bewundernswert gefasst:

> *„Es ist Gottes Wille, nicht mein Wille. Meine Aufgabe ist es, alles Mögliche zu tun, um gesund zu werden, richtig essen, positiv denken … Ich habe die besten Ärzte, die für mich sorgen. Aber danach liegt alles bei Gott."*[379]

Das ist nicht blinder Fatalismus, sondern ein eindrückliches Beispiel für Kontrollgewinn durch Kontrollverzicht.[380] Die Patientin gab zwar die Kontrolle über den Krankheitsverlauf ab, ausgenommen, was ihr möglich war: gesund leben. Aber das psychologisch Raffinierte: Sie tat dies aus eigenem Entschluss und behielt damit weiterhin sekundäre Kontrolle.

Eine vorzügliche Prophylaxe gegen Depression sind angenehme Emotionen wie Freude, Zufriedenheit, Glück. Dazu zählt auch Vertrauen, das als „Kernkonstrukt einer islamischen Psychologie" gewürdigt wurde, insofern es sich auf Gott bezieht. Bonab und Koohsar zeigten, dass die psychische Gesundheit muslimischer Studierender umso stabiler war, je stärker sie Gott zu vertrauen vermochten.[381] Auch zahlreiche mit Christ*innen durchgeführte Studien belegen: Wer sich vertrauensvoll mit einem Göttlichen verbunden weiß, ist glücklicher, zumal wenn dieses als liebend imaginiert wird, gütig, nachsichtig, anerkennend.[382] Überzeu-

---

378 Miller, P. et al (2012): Religiosity and major depression in adults at high risk: a ten-year prospective study. In: American Journal of Psychiatry 169, 89–94.

379 Alcorn, S.R. et al (2010): „If God wanted me yesterday, I wouldn't be here today": Religious and spiritual themes in patients' experiences of advanced cancer. In: Journal of Palliative Medicine 13, 581–588, hier 584.

380 Baugh, R.J. (1988): Gaining control by giving up control. Strategies for coping with powerlessness. In: W.R. Miller & J.E. Martin (Eds.): Behavior therapy and religion, Nebury Park: Sage Publications, 125–138.

381 Bonab, B.G. & Kooshar, A.A. (2011): Reliance on God as a core construct of Islamic psychology. In: Procedia. Social and Behavioral Sciences 30, 216–220.

382 Unter vielen anderen: Stark, R. & Maier, J. (2008): Faith and happiness. In: Review of Religious Research 50, 120–125.

gend nachgewiesen wurde dieser Zusammenhang auch bei Angehörigen der israelischen Kultusgemeinde.[383]

Zu den Urmenschheitsfragen zählt, was nach dem Tode kommt, wenn überhaupt noch etwas sein wird, wobei es dem menschlichen Bewusstsein mehr als schwer fällt, seine eigene Nicht-Existenz zu imaginieren.[384] Die meisten Religionen postulieren ein Weiterleben, die alten Israeliten eine Schattenexistenz in der Scheol, die Christen himmlische Glückseligkeit oder höllische Qualen, ebenso die Muslime, in deren Himmel schattenspendende Palmen wachsen und kühle Teiche sind, die Hindus die Reinkarnation. In den letzten Jahren ist der Glaube an ein Leben nach dem Tod zwar deutlich zurückgegangen. 40 Prozent der Bundesbürger*innen bestreiten ein solches ausdrücklich.[385] Aber: Wer glaubt, nach dem Tod komme die Einheit mit Gott und die Wiedervereinigung mit den geliebten Mitmenschen – ewige Verbundenheit –, ist gemäß einer Studie mit 1'800 Amerikaner*innen zumindest in diesem Leben psychisch stabiler und glücklicher.[386] Wer aber überzeugt ist, nach dem Tode beginne „eine blasse Schattenform des Lebens“, ist anfälliger für Angst- und Zwangsstörungen, Paranoia und Depression.

Transzendentale Verbundenheit ist nicht nur dem seelischen Wohlbefinden förderlich, sondern auch der körperlichen Gesundheit, die mit der Psyche eng verbunden ist.

---

383 Krumrei, E., Pirutinsky, S. & Rosmarin, D. (2013): Jewish spirituality, depression, and health: an empirical test of a conceptual framework. In: International Journal of Behavioral Medicine 20, 327–336.

384 Varki, A. & Brower, D. (2013): Denial: Self-deception, false beliefs, and the origins of the human mind, New York/Boston: Twelve.

385 https://de.statista.com/statistik/daten/studie/277029/umfrage/glauben-an-ein-leben-nach-dem-tod/ (20.8.2021)

386 Flanelly, K.J. et al (2008): Beliefs about life-after-death, psychiatric symptomatology and cognitive theories of psychopathology. In: Journal of Psychology and Theology 36, 94–103.

4.3.2 Stärkung der Gesundheit

Mönche leben um die fünf Jahre länger als die männliche Allgemeinbevölkerung und werden gleich alt wie Frauen – so das Ergebnis der vielbeachteten Klosterstudie von Marc Luy.[387] Ursächlich dafür ist gewiss auch der gesündere Lebensstil, selteneres Rauchen, regelmäßiges Gebet, meditatives Singen. Aber sicherlich auch, was ein Franziskaner so ausdrückte: „Ich fühle mich stets mit Gott verbunden, geborgen und nie allein, auch wenn ich nie eine Familie hatte. Und das tut einfach gut."

In einer Untersuchung mit 1'774 US-Amerikaner*innen trat zu Tage: Personen, die über das Bild eines gnädigen Gottes verfügen und sich diesem und den Mitgläubigen nahe fühlen, waren auch körperlich gesünder.[388] HIV-Patient*innen, wenn sie bejahten: „Mein Glaube hilft mir, mich mit einer höheren Form des Seins verbunden zu fühlen", hatten seltener entzündete Schleimhäute, mehr CD4-Rezeptoren (leistungsfähigeres Immunsystem), waren optimistischer und nach drei Jahren wahrscheinlicher noch am Leben als jene, die sich verzweifelt gehen ließen.[389] Patient*innen, wegen metastasiertem Lungenkrebs in Chemotherapie, sprachen auf diese besser an und hatten mehr CD4 Lymphozyten, wenn sie spirituelle Verbundenheit verspürten. Drei Jahre später war von ihnen noch die Hälfte am Leben, von jenen mit geringen Glaubensüberzeugungen zehn Prozent.[390] Nonnen, die eine enge Verbundenheit mit Gott und Christus eingingen und häufig den Rosenkranz beteten, hatten einen niedrigeren Blutdruck als gleichaltrige Frauen.[391]

---

387 Luy, M. (2014): Der Gesundheits-Survey der Klosterstudie. Daten- und Methodenbericht zu Welle 1, Wien: Verlag der Österreichischen Akademie der Wissenschaften.

388 Krause, N., Emmons, R.A, Ironson, G. (2015): Benevolent images of God, gratitude, and physical health status. In: Journal of Religion and Health 54,1503-1519.

389 Ironson, G.H., Kremer, H. (2009): Spiritual transformation, psychological wellbeing, health and survival in people with HIV. In: International Journal of Psychiatry in Medicine 21, 62–68.

390 Lissoni, P. et al (2008): A spiritual approach in treatment of cancer. Relation between faith score and response to chemotherapy in advanced non-small lung cancer patients. In: Vivo 22, 35–50.

391 Timio, M. et al (1999): Blood pressure in nuns in secluded order: A 30-year follow-up. In: Mineral and Electrolyte Metabolism 25, 73–79.

Freilich, nicht alle Studien wiesen solche Effekte nach. Gemäß einer prospektiven Studie mit 253 Karzinompatient*innen verlangsamt der Glaube an Gott die Tumorbildung nicht, jedoch sehr wohl gute soziale Einbindung.[392] Dennoch gibt es starke Indizien, dass transzendentale Verbundenheit der Gesundheit gut tut.[393] Aber warum? Verbundenheit mit dem Göttlichem motiviert viele zu einer gelasseneren Lebensweise und auch dazu, zu meditieren. Hundertfach wurde bestätigt, dass die mannigfaltigen Formen der Meditation die kardiovaskulären Werte verbessern. Der Blutdruck sinkt, das Immunsystem wird gestärkt, der Ausstoß von Cortisol verringert, das, wenn im Übermaß vorhanden, ursächlich ist für viele Zivilisationskrankheiten.[394] Spirituelle Verbundenheit begünstigt auch einen gesünderen Lebensstil: Keine Drogen, gemäßigtes Essen, gelegentliches Fasten, das von Religionen und spirituellen Traditionen empfohlen wird und bewirkt, dass der Körper mehr eigene Endorphine bildet.[395] Solche Verbundenheit kann auch angenehme Gefühle hervorrufen – Geborgenheit, Dankbarkeit, innerer Friede –, die sich positiv auf den Vagalton, die Aktivität des Vagusnerves auswirken. Dadurch wird die Herzfrequenz verlangsamt und die Variabilität derselben erhöht, ebenso die Drüsenaktivität in Lunge, Leber und Verdauungstrakt, was das Immunsystem stärkt.[396] Und nicht zuletzt begünstigt transzendentale Verbundenheit – zumindest gemäß dem biblischen Gebot der Einheit von Gottes- und Nächstenliebe (Lk 10,27) –, dass soziale Bande vertieft werden.

---

392 Ringdal, G. (1996): Religiosity, quality of life and survival in cancer patients. In: Social Indicators Research 38, 193–211.

393 Dazu das voluminöse Handbuch: Koenig, H.G., King, D. & Carson, V.B. (Eds.) (2012): Handbook of religion and health. 2nd ed., New York: Oxford University Press.

394 Überblick: Bucher (Anm. 7), 129–131.

395 Fond, G. et al (2013): Fasting in mood disorders: Neurobiology and effectiveness. In: Psychiatrich Research 209, 253–258.

396 Kok, E. et al (2013): How positive emotions build physical health: Perceived positive social connections account for the upward spiral between positive emotions and vagal tone. In: Psychological Science 24, 1123–1132.

4.3.3 Transzendentale Verbundenheit stärkt soziale Beziehungen

William James (1842–1910), Gründervater der Psychologie, prägte die bekannte Definition, Religion bedeute „die Gefühle, Handlungen und Erfahrungen von einzelnen Menschen in ihrer Einsamkeit …, die in Beziehung zu etwas stehen, das sie in irgendeinem Sinne als das Göttliche betrachten."[397] Der primäre Ort der religiösen Erfahrung ist damit das Individuum. Aber gibt es überhaupt rein individuelle Erfahrung? Um eine solche als „göttlich" deuten zu können, muss zuvor das Wort „Gott" vernommen worden sein, aus dem Mund oder dem Text eines anderen.[398] Wie die gesamte Kultur, werden auch Symbole der Transzendenz sozial vermittelt und nicht je neu erfunden. Kinder hören von „Gott", „Allah" und imitieren entsprechendes Verhalten der Eltern und anderer Bezugspersonen. Vor allem aber wird Verbundenheit mit dem Göttlichem vertieft, wenn sie gemeinsam zelebriert wird, etwa im freikirchlich-charismatischen Milieu, wenn sich die Gläubigen bis in die Ekstase hineinsingen und tanzen, dass alle eins werden. „Es gibt keine individuelle Gottesbeziehung ohne Sozialbeziehungen."[399]

An der populären Spiritualität wird zwar akzentuiert, sie sei, im Unterschied zu Religion und Kirchen, nicht reglementierend und individueller. Dies zog die Kritik nach sich, sie schwäche den sozialen Zusammenhalt und fördere Egozentrismus.[400] Aber eine ihrer Komponenten ist soziale Verbundenheit, die diejenige mit etwas Transzendentem nicht ausschließt, im Gegenteil. Die Gerontologin Lee wollte wissen, wie sich soziale *und* spirituelle Verbundenheit auf das Wohlbefinden von 600 älteren Amerikaner*innen auswirken.[401] Spirituelle Verbundenheit wurde

---

397 James, W. (Anm. 59), 41.

398 Taylor, C. (2002): Die Formen des Religiösen in der Gegenwart, Frankfurt/M.: Suhrkamp, 30 f.

399 Opas, M. & Haapalainen, A. (2016): Connected with God, body, and the transcendent. Temenos 52, 179–192.

400 Wolpe, R. (2013): Viewpoint: The limitations of being 'spiritual but not religious'. In: https://ideas .time.com/2013/03/21/viewpoint-the-problem-with-being-spiritual-but-not-religious/ (20.8.2021).

401 Lee, E. (2014): The impact of social and spiritual connectedness on the psychological well-being among older Americans. In: Journal of Religion, Spirituality & Aging 26, 300–319,

mit Items wie folgendem erhoben: „Ich habe eine enge, persönliche Beziehung zu Gott“; soziale Verbundenheit danach unterschieden, ob die Befragten soziale Unterstützung erhielten, oder ob sie anderen solche gewährten, beispielsweise: „Wie oft hast Du jemanden in deiner Pfarrgemeinde besucht, wenn er/sie krank war?“ Besonders stark war die Korrelation zwischen spiritueller Verbundenheit und der Häufigkeit von sozialem Engagement. Beide Variablen erhöhen die Lebenszufriedenheit, stärken Hoffnung und verbessern das Selbstwertgefühl, und dies weit stärker, als selber Unterstützung zu bekommen. „Geben ist seliger als nehmen“. (Apg 20,35) Die Verbundenheit mit einem höheren Wesen und die mit den Mitmenschen stärken sich gegenseitig. Anderen zu helfen beschenkt mit dem Gefühl, nützlich zu sein und etwas Sinnvolles zu tun, was aufrichtigen Dank nach sich zieht, der eine starke Glücksquelle ist.

Dass ausschließlich Spirituelle keineswegs weniger sozial eingebunden sind als Kirchgänger, bestätigte an einer umfangreichen Stichprobe (N=11‘162) der Soziologe Hastings.[402] Weniger soziale Kontakte pflegte, wer sich zwar als religiös definierte, aber keine Gottesdienste (mehr) besuchte. Aber auch, wer sich weder als religiös noch als spirituell einschätzte. Auch individuelle Spiritualität kann sozial engagiert sein. Yogalehrer*innen, die eine ganzheitliche Spiritualität zu leben versuchen, stellten sich in einer Studie von Oh und Sarkisian als ausgesprochen altruistisch und engagiert heraus, speziell in ökologischen und sozialen Belangen, und waren mehrheitlich ehrenamtlich tätig.[403]

Wenn Menschen etwas gegenüberstehen, das gewaltig und unermesslich ist, kann geschehen, was ein Student so beschrieb:

> *„Da begann ich zu realisieren, wie groß das Universum ist, und wie klein und völlig unbedeutend wir sind, und dass es im All mehr Sterne gibt als Sandkörner an allen Küsten und in allen Wüsten der Erde. Das war meine erste*

---

402 Hastings, O.P. (2016): Not a lonely crowd? Social connectedness, religious service attendance, and the spiritual but not religious. In: Social Science Research 57, 63–79.

403 Oh, S. & Sarkisian, N. (2012): Spiritual individualism or engaged spirituality? Social implications of holistic spirituality among mind – body – spirit practitioners. In: Sociology of Religion 73, 299–322.

Erfahrung von Ehrfurcht, die aber häufig wiederkehrte und mich tief verändert hat.“[404]

Ehrfurcht, oft in der Natur empfunden, vor einer gigantischen Schlucht wie dem Grand Canyon, einem gewaltigen Berg wie dem K 2, bewirkt, dass sich Menschen nicht mehr so wichtig nehmen. Das heißt nicht, dass sie sich weniger wert fühlen. Im Gegenteil: Der tief gläubige Komponist Anton Bruckner bekannte in einem Brief, er habe seine Musik nur fertiggebracht, weil er von seiner Jugend an tiefe Ehrfurcht empfunden habe, vor seinen Eltern, vor Gott: „Jedes Mal, wenn ich ehrfürchtig aufgeschaut, da ist mein Herz weit und groß geworden.“[405] Ehrfurcht, für den Neuropsychologen Vaillant „die spirituellste aller positiven Emotionen“, weil sie Verbundenheit mit etwas viel Größerem schafft als wir kosmisch kleinen Wesen, stärkt Prosozialität.[406] Dies belegte Piff in mehreren Experimenten.[407] Zunächst mit einer Befragung, in der sich herausstellte, dass Personen, die angaben, häufig Ehrfurcht empfunden zu haben, in einem Verteilungsspiel großzügiger waren. Sodann wurde eine erste Gruppe in Ehrfurcht versetzt – durch kurze Videoclips mit majestätischen Naturlandschaften – und eine zweite mit einem Sketch belustigt. Erstere waren in einer gestellten sozialen Situation – einem Versuchsleiter fallen ‚versehentlich‘ viele Kugelschreiber auf den Boden – hilfsbereiter und erzielten höhere Werte bei einem Fragebogen, der die Bereitschaft für prosoziales Handeln misst.

Alles in allem: Vor 200 Jahren prognostizierte Condorcet, erster Unterrichtsminister nach der französischen Revolution, Religion und Transzendenz würden in dem Maße verschwinden, wie die Wissenschaft voranschreite. Auch wenn Techniker*innen Sonden bis auf den Mars brachten, Mediziner*innen das menschliche Genom entschlüsselten:

404 Zitiert aus: Bai, Y. et al (2017): Awe, the diminshed self, and collective engagement: Universals and cultural variations in the small self. In: Journal of Personality and Social Psychology 113, 185–209, hier190.
405 Zit. aus: Marschütz, G. (1992): Die verlorene Ehrfurcht. Über das Wesen der Ehrfurcht und ihre Bedeutung für unsere Zeit, Würzburg: echter, 6.
406 Vaillant, G, (2008): Spiritual evolution. How we are wired for faith, hope, and love, New York: Broadways Books, 164.
407 Piff, P. et al (2015): Awe, the small self, and prosocial behavior. In: Journal of Personality and Social Psychology 108, 883–899.

Religion und Spiritualität haben die Bühne der Weltgeschichte nicht verlassen. Im Gegenteil: Vielenorts erfolgen religiöse Neuaufbrüche, oft fundamentalistische. Individuelle Spiritualität ist unzähligen Menschen existenziell wichtig. Dem Menschen wohne ein tiefes Verlangen nach dem „absoluten Einssein" inne, nach umfassender Verbundenheit, kosmischer Geborgenheit. Die Gehirnforscher Newberg, d'Aquili und Rause:

> *„Solange unser Gehirn so eingerichtet ist, wie es ist, und solange unser Geist diese tiefere Wirklichkeit zu spüren vermag, wird die Spiritualität die menschliche Existenz weiterhin prägen, und Gott – egal was wir unter diesem majestätischen, mysteriösen Begriff verstehen – wird nicht verschwinden.*"[408]

Wie kann Verbundenheit, sowohl horizontale als auch vertikale, erzieherisch begünstigt werden? Davon handelt das folgende Kapitel. Zuvor wird jedoch in einem Exkurs dargelegt, womit sich 1'380 Studierende der Universität Salzburg wie eng verbunden fühlen.

Exkurs: Womit sich 1'380 Studierende wie eng verbunden fühlen

1'380 Studierende der Universität Salzburg waren dankenswerter Weise bereit, einen Online-Fragebogen auszufüllen, in dem erfragt wurde, „wie eng sie sich mit verschiedenen Bereichen unserer Welt verbunden fühlen." Vorgelegt wurden 48 Items wie:

Ich fühle mich verbunden mit	sehr verbunden				gar nicht verbunden
meinem Heimatland	☐	☐	☐	☐	☐
meiner Herkunftsfamilie	☐	☐	☐	☐	☐
meinem Handy	☐	☐	☐	☐	☐
der Natur	☐	☐	☐	☐	☐
der gesamten Menschheit	☐	☐	☐	☐	☐

80 Prozent der Antwortenden sind weiblich. Frauen sind eher bereit, an solchen Umfragen teilzunehmen; auch waren die Lehrveranstaltungen des Verfassers von mehr Studentinnen als von Studenten besucht. Das Durchschnittsalter beträgt 25 Jahre. 18 Prozent leben auf dem Lande, 23

408 Newberg, d'Aquili & Rause (Anm. 97), 234.

Prozent in einem Dorf, 18 Prozent in einer Kleinstadt, 27 Prozent in einer größeren Stadt, und die verbleibenden 14 Prozent in einer Großstadt. Am häufigsten gehören die Befragten der römisch-katholischen Kirche an (54%) – eine gleich große Quote wie in der österreichischen Bevölkerung –, sodann den Konfessionsfreien (29%), zwölf Prozent der evangelischen Kirche, und sechs Prozent sind Muslime.

Die Stichprobe ist zugegebenermaßen nicht repräsentativ. Aber von besonderem Interesse war, in Erfahrung zu bringen, wie die sehr unterschiedlichen Bereiche der Lebenswelt bezüglich der mit ihnen verspürten Verbundenheit zusammenhängen. Berechnet wurde dies über Faktoren- und Korrelationsanalysen.

Die tiefste Verbundenheit besteht mit dem sozialen Nahbereich:

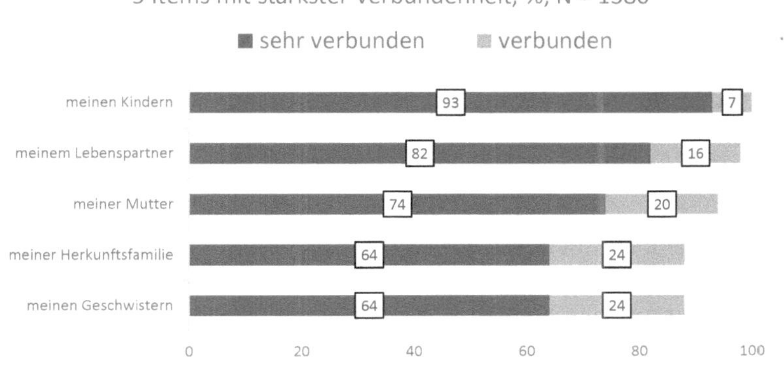

Zehn Prozent der Befragten, speziell die über 55jährigen, die die PLUS 55, ein Senior*innenstudium belegen, haben Kinder, mit denen sie sich tief verbunden fühlen. Am zweitstärksten ist die Verbundenheit mit den Lebenspartner*innen, die von 56 Prozent beurteilt wurde; 44 Prozent sind Single. Studentinnen beteuerten zu ihrer Mutter und ihren Geschwistern eine noch engere Verbundenheit als ihre männlichen Kommilitonen.

Folgendes Streifendidagramm zeigt die fünf Items, mit denen sich die Befragten am wenigsten verbunden fühlen, und dies in der Reihenfolge der Mittelwerte, der bei den Heiligen mit M = 1,67 am niedrigsten war, bei der Polizei mit M = 2,11 am fünftschwächsten. Die ungleiche Länge der Streifen ist darauf zurückzuführen, dass nur die Prozente der Ant-

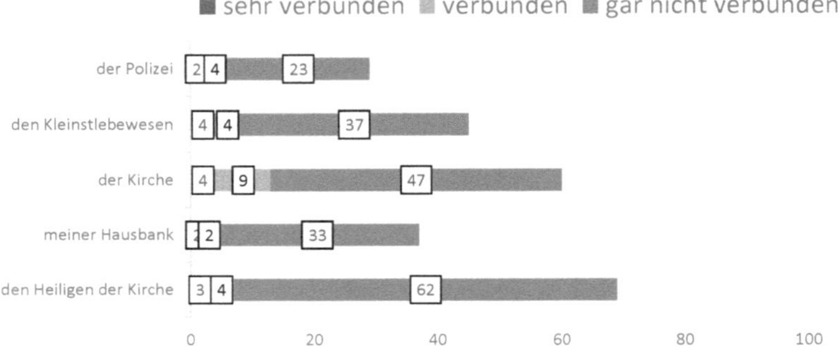

wortmöglichkeiten 5 (sehr verbunden), 4 (verbunden) und 1 (gar nicht verbunden) aufgenommen wurden, nicht aber 2 und 3.

Interessanterweise fühlen sich die Männer mit der Polizei geringfügig stärker verbunden als die Frauen, bei den anderen Bereichen bestehen keine gendertypischen Differenzen.

Eine Faktorenanalyse aller 48 Items führte zu sechs plausibel interpretierbaren Faktoren:

1. Verbundenheit mit der *Natur* ist der stärkste Faktor. Er vereinigt auf sich, in der Reihenfolge der abnehmenden Verbundenheit: Die mit der Natur (sehr verbunden, verbunden: 78%), dem Meer (66%), den Wiesen und Wäldern (63%), den Bergen (57%), der Luft (55%), der Sonne (50%), einem Hund (48%), den Blumen (40%), den Bäumen (38%), den Regenwäldern (34%), der Milchstraße unseres Sonnensystems (17%), den Kleinstlebewesen, bspw. Mikroben, Bakterien (8%). Die Items wurden zur Skala „Naturverbundenheit“ zusammengestellt, die sehr reliabel ist (α = .90). Frauen und Männer sind in gleicher Weise naturverbunden. Aber: Wer in ländlicher Gegend wohnt, verspürt geringfügig mehr Naturverbundenheit als wer in einer Stadt lebt.
2. Verbundenheit mit persönlichen Requisiten bildet den zweiten Faktor: Mit meinem Handy (sehr verbunden, verbunden: 53%), meiner Kleidung (38%), meinem Auto (32%), meinen Schuhen (21%), meiner Hausbank (4%). Auch diese Skala ist ausgesprochen reliabel (α = .86). Bemerkenswert, wie stark die Verbundenheit mit dem Handy ist, sie-

benmal mehr als zu den Heiligen (s.u.), die den Alltag über Jahrhunderte stark geprägt hatten.

3. Verbundenheit mit Religiösem: Mit Gott (sehr verbunden, verbunden: 28%), Engeln (19%), Jesus Christus (19%), der Kirche (13%), den Heiligen der Kirche (7%). Mit α = .91 ist diese Skala sehr verlässlich. Die Verbundenheit mit religiösen Bezugsgrößen ist massiv geringer als die mit der Natur und mit persönlichen Requisiten. Mit dem Handy fühlen sich doppelt so viele der Befragten verbunden als mit Gott.
4. Verbundenheit mit der Herkunftsfamilie: Mit meiner Mutter (sehr verbunden, verbunden: 94%), meinem Vater (87%), meinen Geschwistern (87%), meinen Großeltern (80%), meinem Heimatland (68%). Die Reliabilität der Skala beträgt α = .71, was ausreichend ist. Bemerkenswert ist, dass die Verbundenheit mit dem Heimatland und die mit den Angehörigen hoch korrelieren. Heimat ist wesentlich auch Herkunft und Familie.
5. Verbundenheit mit der erweiterten sozialen Umgebung: Mit der gesamten Menschheit (45%), meiner Stammkneipe (45%), meinen Arbeits- oder Studienkolleg*innen (44%), den uns vorausgegangenen Generationen (40%), meinen Vorgesetzten, sofern vorhanden (23%), den Bewohner*innen von Altersheimen (13%). Auch diese Skala ist mit α = .71 ausreichend reliabel.
6. Verbundenheit mit unserer Regierung (7%) und der Polizei (6%). Die hohe Korrelation (r = .55) zwischen Regierung und Polizei ist besonders bemerkenswert und möglicherweise in der Coronakrise stärker geworden.

Folgendes Streifendiagramm präsentiert die durchschnittlichen Mittelwerte der Items, dies in der Spannbreite von 1 (überhaupt nicht verbunden) bis 5 (tief verbunden), aber auch die der Verbundenheit mit Kindern, den Lebenspartner*innen und Freund*innen, die nicht auf einen der geschilderten Faktoren fielen (siehe folgende Abbildung).

Wie zu erwarten, ist die Verbundenheit im sozialen Nahbereich am stärksten. Diejenige mit der Natur liegt über der theoretischen Mitte von 3,0, ein Beleg, dass sich mehr Befragte mit der Natur verbunden fühlen als nicht. Besonders auffällig ist, wie gering die religiös-kirchliche Verbundenheit ist, nahezu gleich schwach wie die mit der Bundesregierung

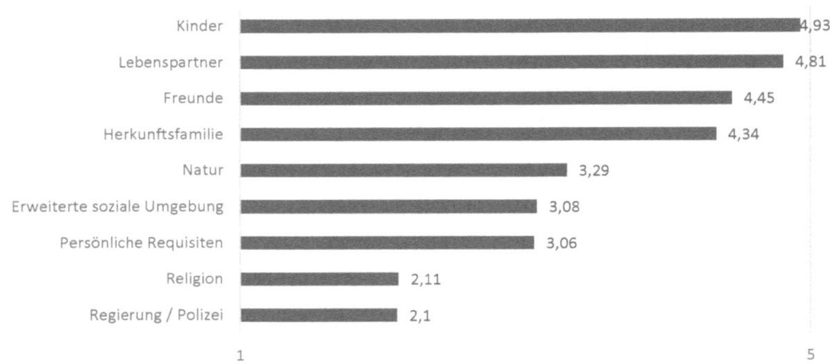

und der Polizei. Eine mögliche Erklärung ist die Stichprobe: Tendenziell jung, akademisch, religiös skeptisch. Andererseits hat die Kirche, die das Leben von zahlreichen Generationen über Jahrhunderte hinweg reglementierte, epochal an Plausbilität eingebüsst. Gemäß einer repräsentativen Erhebung aus dem Jahre 2021 denkt fast die Hälfte der jungen Bundesdeutschen über einen Kirchenaustritt nach.[409]

Wie hängen die verschiedenen Bereiche der Verbundenheit miteinander zusammen? Überzufällig ist die Korrelation zwischen der Verbundenheit mit der Herkunftsfamilie und derjenigen mit der Kirche (r = .29), erklärbar damit, dass letztere die Institution Familie hochhält. Noch ausgeprägter ist der Zusammenhang zwischen der erweiterten sozialen Umgebung und der Regierung und Polizei (r = .46). Bedingt könnte dies dadurch sein, dass auch Regierung und Exekutive Bestandteile der Sozialwelt sind.

Die Befragten wurden, auf einer fünfpunktigen Skala, auch um etliche Selbsteinschätzungen gebeten, so zu Glück. Wie in nahezu allen glückspsychologischen Studien sind auch in dieser Stichprobe deutlich mehr Menschen glücklich als unglücklich. 24 Prozent verstehen sich als „sehr glücklich", 60 Prozent als „durchaus", erfreulicherweise nur fünf Prozent als unglücklich. Gibt es überzufällige Zusammenhänge zwischen Glück und den Bereichen der Verbundenheit? Nur mit derjenigen zu religiösen

409 https://www.kirche-und-leben.de/artikel/umfrage-katholische-kirche-verliert-massiv-an-glaubwuerdigkeit (20.9.2021)

Bezugsgrößen, aber mit r = .19 nicht sonderlich stark. Die Glückspsychologie hat hinreichend belegt, dass sich religiöse Menschen zumeist auch glücklicher fühlen.[410]

Erfragt wurde auch die spirituelle Selbsteinschätzung. 31 Prozent halten sich für „sehr" bzw. „durchaus" spirituell, weitere 30 Prozent für „etwas", und 29 Prozent für „wenig" bzw. „gar nicht". Wer sich für spiritueller hält, verspürt mehr Verbundenheit mit der Natur (r = .29), und noch mehr mit religiösen Bezugsgrößen (r = .41). Mehrfach wurde in dieser Schrift dargelegt, dass Naturverbundenheit eine wesentliche Komponente von Spiritualität ist.

Auch in dieser Stichprobe bestätigte sich, dass sich weniger Personen als religiös denn als spirituell verstehen, als „sehr" und „durchaus" religiös 21 Prozent, als „gar nicht" 41 Prozent. Zwischen der religiösen Selbsteinschätzung und der Verbundenheit mit religiösen Bezugsgrößen wie Gott und Kirche besteht eine hoch signifikante Korrelation (r = .88), zur Verbundenheit mit der Natur hingegen eine schwach negative (r = -.13). Dies kann als Indiz dafür gedeutet werden, dass Naturverbundenheit eine stärker spirituelle denn religiöse Haltung ist.

Mehr als jede/r Vierte (27%) versteht sich als „sehr umweltbewusst", 46 Prozent als „durchaus", weitere 23 Prozent als „etwas", und gerade einmal vier Prozent als „wenig". Eine stärker ökologische Einstellung korreliert – wie in dieser Schrift mehrfach dargelegt (Abschnitt 2.5.4) – hochsignifikant mit Naturverbundenheit (r = .43).

Interesse, eine menschliche Basisemotion, die sich dann regt, wenn im Gehirn der Glücksbotenstoff Dopamin ausgeschüttet wird, kann das Leben enorm bereichern. Führt Interesse auch zu mehr Verbundenheit? „Interessiert an vielem" sind 56 Prozent „sehr", 30 Prozent „durchaus", und die verbleibenden 14 Prozent „etwas". Positiv korreliert Interesse nur mit Naturverbundenheit (r = .28), erklärbar damit, dass Interesse das Bewusstseinsspektrum erweitert.

Und nicht zuletzt bearbeiteten die Befragten auch die in der Ökopsychologie einflussreiche Skala zur Naturverbundenheit von Mayer und

410 Bucher (Anm. 123), 137–140.

Frantz, die aus 14 Items besteht, u. a.: „Wie ein Baum ein Teil des Waldes sein kann, fühle ich mich eingebettet in die viel größere Natur“ (Abschnitt 2.3). Bei einer Spannbreite von 14 bis 70 möglichen Punkten ergab sich ein Mittelwert von 50,1, der deutlich über der theoretischen Mitte liegt – ein Beleg dafür, dass sich mehr Befragte mit der Natur verbunden fühlen als nicht. Männer und Frauen sind gemäß dieser Skala gleich naturverbunden, Personen, in ländlicher Umgebung wohnend, geringfügig stärker. Vor allem aber bestehen hochsignifikante Korrelationen mit der oben dargestellten Skala zur Naturverbundenheit (r = .75), was für die Validität beider Messinstrumente spricht, aber auch mit der Selbsteinschätzung als „umweltbewusst“ (r = .51) sowie als „spirituell“ (r = .29).

Auch wenn nur mit einem kurzen Fragebogen durchgeführt, erbrachte diese Befragung von 1.380 Studierenden aufschlussreiche Ergebnisse. Verbundenheit, eines der tiefsten menschlichen Bedürfnisse, ist eine faktisch erlebte Realität. Am stärksten ist die Verbundenheit mit Mitmenschen, speziell im sozialen Nahbereich: Lebenspartner*innen, Kinder, die eigene und die Herkunftsfamilie. Verbunden fühlen können sich Menschen aber auch mit vorausgegangenen Generationen, ohne die wir nicht auf diesem Planeten wären, mit der Natur, die von Descartes als unbelebt angesehen wurde, aber auch mit religiösen Phänomenen. Selbst mit persönlichen Requisiten wie Kleidung oder Handy können Menschen Verbundenheit eingehen. Sich stärker verbunden Fühlende stellten sich in dieser Studie zwar als nur wenig glücklicher heraus, aber als deutlich spiritueller, umweltbewusster und interessierter. Auch diese Studie spricht dafür, Verbundenheit zu stärken, auch und gerade erzieherisch, wovon das nächste Kapitel berichtet.

Fünftes Kapitel

5. Erziehung zur Verbundenheit

5.1 Im Säuglingsalter

Verbundenheit kann und soll erzieherisch gestärkt werden.[411] Eine solche Erziehung beginnt bestenfalls dann, wenn die Schwangerschaft festgestellt wird, indem der neue Mensch willkommen geheißen wird. Viele werdende Mütter und Väter tun dies inständig, wenn sie das erste Ultraschallbild mit den winzigen Gliedmaßen betrachten, oft zu Tränen gerührt. Aber viele Frauen sind dazu, aus welchen Gründen auch immer (zu jung, in Ausbildung, unpassender Partner), nicht in der Lage, in Österreich um die 15 Prozent.[412] Wird das Kind gleichwohl ausgetragen, ohne dass die Ablehnung der liebenden Annahme weicht, können die Folgen desaströs sein, oft für das ganze Leben. Eindringlich beschrieben hat das Leben unerwünschter Kinder Gerhard Amendt.[413] Keine Worte können vernichtender verletzen als: „Du bist nur da, weil das Präservativ abgerutscht ist!“ Eine Längsschnittstudie, 35 Jahre umfassend und mit 230 Personen durchgeführt, die als Kinder nicht erwünscht waren, brachte zu Tage, dass diese das doppelte Risiko hatten, psychiatrische Hilfe in Anspruch nehmen zu müssen.[414]

Dem steht das Ideal entgegen: Eine Mutter trägt ihr Kind im Herzen, solange sie lebt. In den 1970er-Jahren entdeckte der Mediziner Herzenberg ein biologisches Phänomen, das dieses Sprichwort buchstäblich bestätigt. Er fand im Blut von jungen Schwangeren, die einen Sohn erwarteten, Zel-

---

411 Ausführlicher: Bucher, A. (2007): Wurzeln und Flügel. Wie spirituelle Erziehung für das Leben stärkt, Düsseldorf: Patmos.

412 Linemayr-Wagner, C. (2013): Aktuelles: Ungewollte Schwangerschaften: Zahlen und Fakten aus Österreich. In: Speculum-Zeitschrift für Gynäkologie und Geburtshilfe (Ausgabe für Österreich) 31, 25–26.

413 Amendt, G. (1992): Das Leben unerwünschter Kinder, Frankfurt/M.: Fischer.

414 David, H. P. (2011): Born unwanted: Mental health costs and consequences. In: American Journal of Orthopsychiatry 81, 184–192.

len mit dem Y-Chromosom. Solche können nur von männlichen Föten stammen und ließen sich auch noch Jahrzehnte nach der Geburt nachweisen.[415] Umgekehrt gelangen, trotz der Blut-Plazenta-Schranke, auch Zellen der Mutter in den Organismus des Fötus. Die vom Fötus abgegebenen Zellen sind Stammzellen, die noch Jahre nach der Geburt helfen können, beschädigtes Gewebe im Körper der Mutter zu reparieren. Demnach sind wir zutiefst mit unseren Müttern verbunden und Mischwesen, weswegen dieses Phänomen als „Mikrochimärismus" bezeichnet wird, vom griechischen „Mikros": klein, und „Chimäre": Mischwesen in der Mythologie, etwa eine Sphinx.

Entscheidender als biologische Verbundenheit ist die psychologische. Diese erfordert Interaktionen zwischen dem werdenden Menschen und seiner Mutter und ihrem sozialen Umfeld. Solche können früh beginnen, vor allem akustisch. Föten können schon ab der 19. Schwangerschaftswoche hören. Zwar werden von außen kommende Geräusche überlagert vom Herzschlag der Mutter und vom Gurgeln in den Eingeweiden. Aber wenn Föten ein Lied hören, das der Vater singt, während er seinen Kopf auf den Bauch der Schwangeren legt, fangen die meisten an, sich zu bewegen, öffnen den Mund, strecken das Zünglein raus.[416] Der Verbundenheit förderlich ist auch, in fortgeschrittener Schwangerschaft, die Hände dorthin zu legen, wohin das Baby gestrampelt hat, und sanft darauf zu drücken. Und ebenfalls, laut mit ihm zu reden.

Nach der Geburt ist ganz entscheidend, dass Neugeborene eine sichere Bindung aufbauen können. Alle Menschen kommen mit Bindungsfähigkeit auf die Welt und verfügen über den Greifreflex, aber auch über das soziale Lächeln, das um die siebte Lebenswoche auftritt und viele Eltern sekündlich vergessen ließ, wie anstrengend die bisherige Pflege war. Wenn Mutter und Vater zurücklächeln: Tiefste Verbundenheit.[417]

---

415 Bianchi, D.W. (1996): Male fetal progenitor cells persist in maternal blood for as long as 27 years post partum. In: Proceedings of the National Academy of Sciences 93, 705–708.

416 Arabin, B. (2002): Opinion: Music during pregnancy. In: Ultrasound Obstetrics Gynecology 20, 425–430.

417 Leitner, A. (2017): Wie kommunizieren Babys? In: https://www.netdoktor.at/familie/baby/wie-kommunizieren-babys-6923139 (20.8.2021)

Wie tief das Bedürfnis nach körperlicher Verbundenheit bei Primaten und Menschen ist, hat kein Forscher eindrücklicher unter Beweis gestellt als Harry Harlow Ende der 1950er-Jahre. Er steckte junge Rhesusaffen in einen Käfig, in dem sich zwei Attrappen einer Mutter befanden, eine aus Draht und mit einer Milchflasche, eine aus Stoff und Fellen, die aber keine Milch spendete. Die Affenbabys kuschelten sich auf letztere und verließen sie nur kurz, um das Nötigste zu trinken.[418] Damit widerlegte er eine zentrale Annahme der klassischen Psychoanalyse – Säuglinge seien vor allem oral triebgesteuert–, aber auch eine damals vorherrschende Erziehungspraxis: Intensiven Körperkontakt vermeiden.

Einer sicheren Bindung enorm förderlich ist häufiges Getragenwerden. Keine Schimpansenmutter käme auf die Idee, ihr Neugeborenes in einen Wagen zu legen und vor sich herzuschieben. Auch Menschenkinder sind Traglinge. Und umso glücklicher, je häufiger dies ihnen, die noch völlig unbehülflich sind, geschenkt wird. In den 1980er-Jahren wurde Jean Liedloffs „Auf der Suche nach dem verlorenen Glück" zum pädagogischen Bestseller.[419] Zu Recht! Darin beschrieb die Volkskundlerin, wie die Kinder der Sanema-Indianer in den Regenwäldern Boliviens so oft wie möglich getragen werden, beim Sammeln von Beeren, Stampfen von Mais, Kochen, bis ins dritte, vierte Lebensjahr.

Zumal die nationalsozialistische Pädagogik intendierte schon im Säuglingsalter, das Bindungsvermögen zu beeinträchtigen. Eine gute deutsche Mutter stille oder füttere ihr Baby nur zu vorgegebenen Zeiten und lasse es schreien, um die „Kraftprobe" gegen es nicht zu verlieren. „Das Kind wird nach Möglichkeit an einen stillen Ort abgeschoben, wo es allein bleibt, und erst zur nächsten Mahlzeit wieder vorgenommen" – so die nationalsozialistische Hofpädagogin Dr. Johanna Haarer.[420] „Bei großen kräftigen Kindern sei der Mutter abermals der Rat gegeben: Schreien

418 Blum, D. (2010): Die Entdeckung der Mutterliebe. Die legendären Affenexperimente des Harry Harlow, Weinheim: Beltz-Verlag.
419 Liedloff, J. (2020): Auf der Suche nach dem verlorenen Glück. Gegen die Zerstörung unserer Glücksfähigkeit in der frühen Kindheit, München: C.H. Beck.
420 Haarer, J. (1943): Die deutsche Mutter und ihr erstes Kind, München & Berlin: Lehmanns Verlag, 176.

lassen! Jeder Säugling soll von Anfang an nachts allein sein."[421] Dem wäre entgegenzuhalten, wie der Kleinkindexperte Daniel Stern die Welt eines vor Hunger schreienden Säuglings beschrieb: „Die ganze Welt erscheint mit dem wachsenden Hungerschmerz zunehmend chaotisch und schließlich bindungslos und fetzenhaft."[422]

Das Stillen vertieft die Verbundenheit mit dem Kind enorm, auch wenn es manchmal mit Schmerzen verbunden ist, aber weit häufiger mit Entspannung und Glück. Aus heutiger Sicht ist schwer verständlich, warum es lange als unschicklich galt und an Ammen delegiert wurde, was Jean-Jacques Rousseau entschieden kritisierte.[423] Ein saugendes Baby betätigt 50 Gesichtsmuskeln und erhält die optimal auf seine physiologischen Bedürfnisse abgestimmte Nahrung, was seine Gesundheit kräftigt. Die WHO empfiehlt, Babys in den sechs ersten Monaten so oft wie möglich zu stillen. Nicht nur, weil dieses Krankheiten wie Diarrhöe, Entzündungen, Diabetes vorbeugt, sondern auch die kognitive, soziale und emotionale Entwicklung fördert.[424] Schon in den 1970er-Jahren belegte Nelson, dass Dreijährige aufgeschlossener, sozial sicherer und weiter entwickelt waren, wenn sie im ersten Lebensjahr regelmäßig gestillt worden waren.[425]

5.2 In der frühen Kindheit

Bestenfalls entwickelt das Kind, zwischen dem achten und 18. Lebensmonat, eine sichere Bindung.[426] Eine solche befähigt es, vom Rockzipfel der Mutter wegzugehen, zu erkunden, was sich im nahen Gebüsch befindet, dies in der Gewissheit, jederzeit in den sicheren Hafen zurückkehren zu

421 Haarer (Anm. 420), 177.
422 Stern, D. (1991): Tagebuch eines Babies. Was ein Kind sieht, spürt, fühlt und denkt, München: Piper, 39.
423 Roussesau, J.J. (1981): Emile oder Über die Erziehung, Paderborn: Schöning 18 f.
424 Lawrence, R.A. (2008): Supporting breastfeeding/Early childhood social and emotion development. In: Encyclopedia on Early Childhood Development. In: http://www.child-encyclopedia.com/sites/default/files/textes-experts/en/545/supporting-breastfeedingearly-childhood-social-and-emotion-development.pdf (20.8.2021)
425 Newton, N. (1971): The uniqueness of human milk. Psychological differences between breast and bottle feeding. In: American Journal of Clinical Nutrition 24, 993–1004.
426 Bowlby (Anm. 3).

können. Der Kern der Bindungstheorie: Verbundenheit ermöglicht es, aus körperlicher Nähe herauszutreten und autonomer zu werden. Zwischen 50 und 70 Prozent der Kinder sind sicher gebunden.[427] Kinder mit einem unsicher-vermeidenden Bindungsstil zeigen kaum Anzeichen der Beunruhigung, wenn sich die Bindungsfigur entfernt, sind aber innerlich hochgradig gestresst und ziehen sich zurück. Unsicher-ambivalent gebundene Kinder klammern sich an ihre Bezugsperson und verhalten sich oft aggressiv, wenn diese nach kurzer Abwesenheit zurückkommt. Unsicher Gebundene tun sich später schwer, stabile Verbundenheit aufzubauen, nicht nur zu Freunden und Lebenspartner*innen, sondern auch zur Natur.[428] Eine enge Bindung zur tragenden und stillenden Mutter begünstigt, dass auch eine tiefe Verbundenheit zu Mutter Erde entsteht.[429]

Der sozialen Verbundenheit in den ersten Lebensjahren förderlich sind Rituale. Solche hatten in der von Emanzipation geprägten Pädagogik im Umfeld von 1968 keinen guten Ruf. Rituale begehe man in der Bundeswehr, wenn jeden Morgen in genau gleicher Weise die Flagge gehisst wird. „Wir machen alles kreativ und immer wieder anders!" Doch Kinder lieben gleichbleibende Handlungsabläufe, die zu den vertrauten Fixpunkten des ganzen Tages werden und Verbundenheit stiften.[430] Der neue Tag kann mit einem sanften Streicheln übers Haar beginnen, das das Kind aufweckt. Mahlzeiten können gemeinsam eingenommen werden. Zuerst ein kurzes Gebet, dann reichen sich alle die Hände und wünschen einander „Guten Appetit". Und am Ende: „Einen schönen Nachmittag", und nicht so, dass einige vom Tisch weggehen, während andere noch essen.

---

427 Hong, Y. & Park, J.S. (2012): Impact of attachment, temperament and parenting on human development. In: Korean Journal of Pediatrics 55, 449–454.

428 Jordan, M. (2009): Nature and self – an ambivalent attachment? In: Ecopsychology 1, 26–31.

429 Caoaldi, C. (2020): From mother to mother earth. The role of interpersonal attachment in human-nature relations. A thesis submitted to the Faculty of Graduate and Postdoctoral Affairs in partial fulfillment of the requirements for the degree of Doctor of Philosophy in Psychology, Carleton University Ottawa, Ontario.

430 Gräßer, M. & Hovermann, E. (2015): Kinder brauchen Rituale: So unterstützen Sie Ihr Kind in der Entwicklung. Stressfrei durch den Familien-Alltag, Hannover: Humboldt.

Ritualisiert werden kann auch die Körperpflege, das Zähneputzen dadurch, dass die fiesen Kariesbakterien aus dem Mund gejagt werden. Wenn ein Kind regelmäßig erlebt, dass sich die Eltern am Abend auf die Bettkante setzen, eine Geschichte erzählen, eine beruhigende Melodie singen – Lalelu –, dann gelingt der Übergang vom wachen Zustand in den Schlaf ohne Quengelei und Stress. Familiäre Routinen und Rituale fördern nicht nur die kognitive Entwicklung, sondern erhöhen auch die Lebenszufriedenheit und vertiefen emotionale Verbundenheit.[431]

Nicht früh genug ist damit zu beginnen, dass Kinder Verbundenheit mit der Natur aufbauen, indem oft in diese hinausgegangen wird, anfänglich im Tragetuch, dann an der Hand der Eltern und schließlich auf den eigenen strammen Beinen. Erwachsene sind umso naturverbundener, je vielfältiger und regelmäßiger sie diese als Kleinkinder erlebten.[432] An einem Sommertag die Wärme im Gesicht, Regentropfen auf den Lippen, den pfeifenden Herbststurm in den Haaren, das Rascheln welker Blätter in der entlaubten Allee, das Knirschen der Schritte im Schnee. Kinder seien „mit einem natürlichen Gefühl der Verbundenheit mit der Natur geboren".[433] Sie halten sich gerne in dieser auf und bevorzugen Gebüsche, in denen man sich verstecken kann, kleine Bäume, die zu erklettern sind, Erhebungen, von denen man sich herunterrollen lassen kann, Pfützen, in denen es so viel zu entdecken gibt: Im Frühjahr schlängelnde Kaulquappen. Kinder mögen solche Freiräume lieber als die 08/15 Spielplätze mit einer Schaukel und einem Sandkasten, aber auch verwilderte Brachflächen, die es auch in Städten gibt. Da lassen sich Marienkäfer beobachten und Blumen pflücken und kann Verstecken gespielt werden.[434] Je mehr Aktivität natürliche Umgebung ermöglicht, desto attraktiver wird sie für Kinder, weil diese in der Natur nicht ästhetischen Genuss suchen, son-

---

431 Überblick: Spagnola, M. & Fiese, B. (2007): Family routines and rituals. A context for development in the lives of young children. In: Infants & Young Children 20, 284–299.

432 Cleary, A. et al (2020): Predictors of nature connection among urban residents: Assessing the role of childhood and adult nature experiences. In: Environment and Behavior 52, 579–610.

433 Phenive, L.A. & Griffore, R.J. (2003): Young children and the natural world. In: Contemporary Issues in Early Childhood 4, 167–170, hier 170.

434 Gebhard (Anm. 92), 104 f.

dern Tätigkeiten, die sie in den Flow bringen[435] und sich auf ihre Gesundheit enorm positiv auswirken.[436]

Angesichts der Tatsache, dass heutige Kinder bis zu sieben Stunden täglich mit elektronischen Medien verbringen, zumeist sitzend, was die Gesundheit schädigt, ist mehr Aktivität im Grünen dringend geboten. Gut 20 Prozent der amerikanischen Kinder sind übergewichtig, zehn Prozent leiden an Asthma, verursacht auch durch zu wenig Bewegung, ebenso viele haben zu wenig Vitamin D, das reichlicher gebildet wird, wenn Kinder in der Sonne sind als in klimatisierten Räumen.[437] Zudem machen es intensive Naturerfahrungen in jungen Jahren wahrscheinlicher, dass Heranwachsene ökologischer handeln. Umweltaktivist*innen, offen gefragt, warum ihnen der Schutz der Natur so wichtig ist, nannten zu 88 Prozent Naturerlebnisse zumal in der frühen Kindheit.[438]

Hautnah können Kinder die Natur im Urlaub erleben, weniger dann, wenn eine Ferienwohnung mit sterilen Fliesen bezogen wird, sondern wenn ein Zelt aufgeschlagen wird. Barfuß unter den Bäumen laufen; nach einem Gewitterregen spüren, wie die glitschige Erde zwischen den Zehen hochquillt; sich am Strand im Sand eingraben lassen, bis nur noch der Kopf herausschaut – solcherlei prägt sich unvergesslich ein und vertieft Naturverbundenheit. Am Abend ein Feuer, eines der vier Urelemente, das auch ein spirituelles Phänomen ist, weil es transformiert. Kinder können lange in die knisternden Flammen schauen, welche die dünnen Ästchen zum Glühen bringen und diese verbiegen, bis sie in die Asche fallen. Das Aufschauen zu den Sternen, die hoch über den Baumkronen leuchten, durch die ein lauer Wind fächelt. Und vielleicht das Rauschen der Meereswogen hören, die, schaumgekrönt, an den Strand heranrollen – das ist eine ganz andere Umgebung als die „Unwirklichkeit der Städte", von der

---

435 Csikszentmihalyi, M. (1996): Das flow-Erlebnis. Jenseits von Angst und Langeweile: im Tun aufgeben, Stuttgart: Klett-Cotta, 227.
436 McCormick, R. (2017): Does access to green space impact the mental well-being of children: A systematic review. In: Journal of Pediatric Nursing 37, 3–7.
437 McCurdy, L. et al (2010): Using nature and outdoor activity to improve children's health. In: Current Problems in Pediatric and Adolescent Healthcare 40, 102–117.
438 Chawla, L. (1998): Significant life experiences revisited: A review of research on sources of environmental sensitivity: In Journal of Environmental Education 29, no 3, 11–21.

der Psychoanalytiker Alexander Mitscherlich schon in den 1960er-Jahren klagte:

> *„Man kann den jungen Menschen auch ohne das alles (Elementares, Wasser, Dreck, Gebüsche) aufwachsen lassen, mit Teppichen, Stofftieren oder auf asphaltierten Straßen und Höfen. Er überlebt es – doch man soll sich dann nicht wundern, wenn er später bestimmte soziale Grundleistungen nie mehr erlernt, z. B. ein Zugehörigkeitsgefühl zu einem Ort und Initiative.“*[439]

Der Naturverbundenheit förderlich ist, wenn Kinder ein Haustier bekommen, was sich Mädchen stärker wünschen als Jungen.[440] Der Ethologe Eibl-Eibesfeldt meinte zu Recht, wer mit Tieren aufwachse, bekomme „einen anderen ökologischen und affektiven Naturbezug“[441] und gewinne eine freundliche Einstellung zu anderen Lebewesen, ja zum gesamten Kosmos. Wie Menschen mit Tieren umgehen, verrät viel über ihren Charakter. Schon Freud erkannte, das Kind „gesteht dem Tiere ohne Bedenken die volle Ebenbürtigkeit zu“ und fühle sich ihm „verwandter als dem ihm wahrscheinlich rätselhaften Erwachsenen“.[442] Haustiere sind eine von der Pädagogik unterschätzte Glücksquelle. 92 Prozent der Kinder assoziieren sie mit einem glücklichen Smiley:

> *„Am glücklichsten war ich, als unsere Katze Junge bekam. Als sie die Jungen gebar, fanden wir sie nicht. Ich suchte drei Tage lang und fand sie.“*[443]

Drei Tage lang suchen zeugt von tiefer Verbundenheit. Durch das Pflegen von Tieren erlernen Kinder Verantwortung nachhaltiger als aufgrund von Appellen.

Für soziale Verbundenheit unabdingbar ist, dass schon kleine Kinder regelmäßig mit ihresgleichen zusammenkommen. Seit eh und je suchten Kinder Gemeinschaft, so der 1758 geborene Franz Brunner: „Ich lief ins

---

439 Mitscherlich, A. (2008): Die Unwirtlichkeit unserer Städte. Anstiftung zum Unfrieden, Frankfurt/M.: Suhrkamp, 24.

440 Gebhard (Anm. 92), 122.

441 Eibl-Eibesfeldt, I. (1990): „Wer einen Siebenschläfer aufzieht, der gönnt ihm die Marillen“. In: Grundschule 22, 8–11, hier 10.

442 Freud, S. (1986): Kulturtheoretische Schriften, Studienausgabe IX, Frankfurt/M.: Fischer, 412.

443 Bucher, A. (2008): Was Kinder glücklich macht. Ein Ratgeber für Eltern, München: Ariston, 156.

Freie hinaus, so oft es anging, und traf da Gesellschaft von anderen Knaben an."[444] Überall, wo Kinder zusammenkommen, ergibt sich wie von selbst das Spiel, das sie miteinander verbindet, sie in ihrer Entwicklung weiterbringt und beglückt. Zwar hatte kein Geringerer als Jean Piaget die These vertreten, Kinder seien egozentrisch. Wenn sie in einer Gruppe miteinander reden, würden sie faktisch Monologe führen.[445] Aber Kinder sind früher in der Lage, sich in ihre Spielgefährten hineinzuversetzen und zu kooperieren. Und das beglückt enorm:

> *„Was mich bisher am meisten glücklich gemacht hat: Dass ich mit sechs Jahren meine beste Freundin gefunden habe, und jetzt, mit zehn Jahren, habe ich wieder eine tolle Freundin gefunden."*[446]

Kindern ist zu gönnen, wenn ihnen die Eltern hinsichtlich ihrer Freundschaften Freiheit gewähren und es nicht so halten wie bürgerliche Väter, die es ihren Söhnen und Töchtern untersagten, sich unter die Gassenkinder zu mischen. So erging es Johann Wolfgang Goethe. Er saß oft alleine im Kinderzimmer und blickte nach draußen, wo andere Kinder fröhlich mit Bällen spielten, was in ihm „frühzeitig … das Gefühl der Einsamkeit (erregte)."[447] Kinder sollten die Möglichkeit haben, dass ihre Freunde auch einmal bei ihnen übernachten, mit ihnen ins Freibad kommen, einen Berg erwandern. Der Wohnsitz wäre so zu wählen, dass in der Nachbarschaft andere Kinder leben, bestenfalls in einer Wohnstraße, wo Autos nur im Schritttempo fahren dürfen. Jungen und Mädchen, die die Aussage „Wo ich wohne, gibt es viele Kinder" bejahten, bilanzierten ihr bisheriges Leben zu 55 Prozent als total glücklich; jene, die verneinten, bloß zu 15 Prozent.[448]

---

444 Hardach-Pinke, I. (1981): Kinderalltag. Aspekte von Kontinuität und Wandel der Kindheit in autobiographischen Zeugnissen, Frankfurt/M.: Campus, 216.
445 Piaget, J. (1983): Sprechen und Denken des Kindes, Frankfurt/M.: Ullstein.
446 Bucher (Anm. 411), 145.
447 Goethe, J.W. (1977): Aus meinem Leben. Dichtung und Wahrheit. Artemis-Ausgabe Band 10, Zürich, 18.
448 Bucher, A. (2009): Was Kinder glücklich macht? Eine glückspsychologische Studie des ZDF. In: B. Schächter (Hg.): Wunschlos glücklich? Konzepte und Rahmenbedingungen einer glücklichen Kindheit, Frankfurt/M.: Nomos, 94–195, hier 162.

Auch die Verbundenheit mit Transzendenz lässt sich früh fördern. Prägend kann eine Wanderung durch eine Herbstnacht werden, in der die Milchstraße mit den unzähligen funkelnden Sternen klar zu sehen ist, und wenn jüngeren Kindern ehrfurchtsvoll gesagt wird: „So groß hat Gott das Weltall erschaffen!“ – das kann Staunen erzeugen und beflügelt die theologische Phantasie. Auch starke Natureindrücke sind der Ahnung von Transzendenz förderlich: Vor dem tosenden Rheinfall stehen, eine gewaltige Felswand hochschauen, von einem hohen Berggipfel herunterblicken. Staunen war und ist der Ursprung des Philosophierens, das immer wieder zu einem göttlichen Prinzip vorgestoßen ist.

Transzendentaler Verbundenheit förderlich sind Bibelgeschichten, wie sie Kinder gerne hören, wenn sie gut erzählt werden, anschaulich und mit viel Augenkontakt. Vorzüglich geeignet ist der Josefzyklus. Ein Schlüsselvers in Gen 39 ff. lautet: „Der Herr war mit Josef“. Das stärkt das Vertrauen, stets von Gott begleitet zu sein, auch in schwierigen Zeiten, bei Josef selbst in der Zisterne, in die ihn seine Brüder hinuntergestoßen hatten.

Verbundenheit mit etwas Größerem kann auch vorzüglich gestärkt werden durch das Gebet. Dieses ist dem Menschen eigentümlich – eine Hyäne betet nicht –, begegnet in allen Kulturen und zu allen Zeiten, ist das zentrale Phänomen der Religion. Auch wenn umstritten ist, ob Bittgebete – etwa dafür, dass eine Infektion mit Covid 19 glimpflich ausgeht – den Krankheitsverlauf beeinflussen – Faktum ist, dass das Beten den Betenden gut tut.[449] Neunzig Personen waren bereit, zwei Wochen lang für das Wohlergehen Anderer zu beten. Nach der Intervention zeigte sich: Den Personen, für die inständig gebetet worden war, ging es nicht besser. Aber die Betenden waren gesünder und selbstbewusster.[450]

---

449 Zahlreiche wissenschaftliche Belege aus Medizin und Psychologie: Spilka, B. & Ladd, K.L. (2013): The psychology of prayer. A scientific approach, New York: Guilford Press.

450 O'Laoire, S. (1997): An experimental study of the effects of the distant intercessory prayer on self-esteem, anxiety, and depression. In: Alternative Therapeutic Health Medicine 3, 38–53.

Beten wirkt umso wohltuender, je enger sich Menschen mit Gott verbunden fühlen.[451] Auch wenn jemand allein im stillen Kämmerlein betet, ist dies soziales Handeln. Der Neuropsychologe Schjødt maß bei frommen Dän*innen die Gehirntätigkeit, während diese entweder einen Wunsch an den Santa Claus richteten oder Gott baten, es möge anderen Menschen gut gehen.[452] In der zweiten Gruppe zeigte sich eine stärkere Aktivität in solchen Arealen des präfrontalen Cortex, die für soziale Kognition zuständig sind, speziell Vertrauen. Aber auch ein höherer Sauerstoffverbrauch im Striatum und Caudate nucleus, die zum dopaminergen Belohnungssystem gehören. Schon in frühen Lebensjahren kann Beten beglückende Verbundenheit stärken, so die folgenden Verse:

„Wo ich gehe,
ist der liebe Gott bei mir,
wenn ich ihn auch niemals sehe,
weiß ich dennoch, Gott ist hier.“[453]

5.3 In der mittleren Kindheit

Der Eintritt in die mittlere Kindheit wird ins sechste, siebte Lebensjahr datiert, wenn die Kinder, Piaget zufolge, in das Stadium der konkreten Operationen eintreten, die Milchzähne verlieren, eingeschult und zusehends selbständiger werden. Auch in den folgenden Jahren empfehlen sich die geschilderten erzieherischen Strategien, um Verbundenheit zu vertiefen. Weiterhin sollten Heranwachsende viele Naturerfahrungen machen können, etwa in einer Pfadfindergruppe: Wälder durchpirschen, Lagerfeuer entzünden. Die familiären Interaktionen sollten durch Wertschätzung und Dankbarkeit geprägt sein, weil letztere soziale Verbundenheit optimiert und das Wohlbefinden hebt.[454]

---

451 Jeppsen, B. et al (2015): Closeness and control: Exploring the relationship between prayer and mental health. In: Counseling and Values 60, 164–185.

452 Schjødt. U. et al (2009): Highly religious participants recruit areas of sociel cognition in personal prayer: In: Social Cognitive Affective Neuroscience 4, 199–207.

453 https://www.evangeliums.net/lieder/lied_wo_ich_gehe_wo_ich_stehe.html (20.8.2021)

454 Liao, K. Y.-H., & Weng, C.-Y. (2018): Gratefulness and subjective well-being: Social connectedness and presence of meaning as mediators. In: Journal of Counseling Psychology 65, 383–393

Ein pädagogisches Konzept, das umfassende Verbundenheit anzielt und für Sechs- bis Zwölfjährige zugeschnitten wurde, ist die Kosmische Erziehung nach Maria Montessori.[455] Diese geht davon aus, dass „alle Dinge Teil des Universums miteinander verbunden (sind), um eine große Einheit zu bilden".[456] Während ihres kriegsbedingten unfreiwilligen Aufenthaltes auf dem Hochplateau von Kodaikanal in Indien, einer phantastischen Landschaft mit Seen, Feldern und Dschungel, ließ sie, gemeinsam mit ihrem Sohn Mario, die Schüler*innen die Flora erkunden, Steine und Früchte sammeln, die Tiere beobachten, durch Mikroskope in die Feinheiten von Pflanzen blicken. Zusätzlich fertigte sie Sinnesmaterialien an, die den Kindern helfen sollen, ihre Stellung im Kosmos zu erahnen. Eine Zeitleiste der Erdgeschichte zeigt, wie in der Evolution alle Abschnitte miteinander verbunden sind und wie kurz die Zeit der Menschheit ist, eine Million Jahre ein Zentimeter innerhalb von 46 Metern (4,6 Milliarden Jahre). Kinder sollten nicht mit Wissen über isolierte Fakten überhäuft werden, sondern sich ein „Bild des Ganzen" imaginieren. „Sein (des Kindes) Interesse wendet sich allen Dingen zu, denn alle sind sie verbunden und haben ihren Platz im Universum, das im Mittelpunkt seines Denkens steht."[457]

Elemente der Kosmischen Erziehung lassen sich auch in öffentlichen Bildungseinrichtungen umsetzen und stärken Naturverbundenheit. In bayerischen Schulen erhoben Anne Liefländer und Mitarbeiter*innen, wie nahe sich neunjährige und zwölfjährige Schüler*innen der Natur fühlen. Hernach wurden zwei Gruppen gebildet: Eine erste, die die folgenden vier Tage normal unterrichtet wurde, und eine zweite, die ebenso lange in die Natur geführt wurde, den Wald erkundete, in Bächen Steine aufhob und umdrehte, um kleine Wassertiere zu entdecken, barfuß über die Wiesen lief, Heidelbeeren sammelte und viele Informationen erhielt. Naturverbundenheit stieg in der zweiten Gruppe deutlich an, in der Kontrollgruppe blieb sie konstant. Dieser Effekt war bei jüngeren

455 Dazu: Eckert, E. ([2]2007): Maria und Mario Montessoris Kosmische Erziehung. Vision und Konkretion, Berlin: Lit.
456 Montessori, M. (2018): Kosmische Erziehung. Von der Kindheit zur Jugend, Hamburg: Impian, 41.
457 Montessori (Anm. 456), 42.

Schüler*innen stärker als bei älteren, was die Konsequenz in sich birgt, mit erfahrungsbasierter Umwelterziehung früh zu beginnen.[458]

Heutige Kindheit ist Schulkindheit. Wie sehr sich Kinder (und Jugendliche) mit ihrer Schule verbunden fühlen, wird erst seit den letzten Jahren intensiver erforscht, nachdem sich abzuzeichnen begann, welche wünschenswerten Effekte Schulverbundenheit zeitigt. Diese lässt sich konkretisieren, ob sich Kinder als Teil ihrer Schule fühlen, als dazugehörig, als getragen von Vertrauen, erwärmt von Respekt, auch vonseiten der Lehrer*innen, und ob hier Aktivitäten möglich sind, die als sinnhaft erlebt werden.[459]

Je enger sich Heranwachsende mit ihrer Schule verbunden fühlen, desto geschützter sind sie vor Fehlentwicklungen: Alkohol, Vandalenakte, etwa „Scheißschule" an die Toilettenwand sprayen, Gewalt, nicht nur gegen Mitschüler*innen, sondern mitunter auch gegen Lehrkräfte.[460] Auch wenn sich die Verbundenheit mit der Schule mit steigender Jahrgangsklasse abschwächt, geht sie damit einher, dass Schüler*innen motivierter lernen, und entsprechend besser fallen ihre Noten aus.[461] Schulverbundene Kinder erfreuen sich an einem besseren Selbstwertgefühl und geraten seltener in depressive Verstimmungen.[462] Auch kümmern sie sich mehr um ihre Schulkameraden und sind sie bestrebt, diese vor schädigendem Verhalten zu schützen.[463] Mehr Verbundenheit mit der Schule ist umso notwendiger, als in einer neoliberalistischen Gesellschaft Kinder schon

---

458 Liefländer, A.K. et al (2013): Promoting connectedness with nature through environmental education. In: Environmental Education Research 19, 370–384.

459 Goodenow, C. (1993): The psychological sense of school membership among adolescents: Scale development and educational correlates. In: Psychology in the School 30, 79–90.

460 Catalano, R.F. et al (2004): The importance of bonding to school for healthy development. In: The Journal of School Health 74, 252–262.

461 Niehaus, K., Rudasill, K. & Rakes, C.R. (2012): A longitudinal study of school connectedness and academic outcomes across sixth grade. In: Journal of School Psychology 50, 443–460.

462 Shochet, I. et al (2006): School connectedness is an underempts of a community prediction study. In: Journal of Clinical Child & Adolescent Psychology 35, 170–179.

463 Chapman, R.L. et al (2014): Injury prevention among friends: The benefits of school connectedness. In: Journal of Adolescence 37, 937–944.

früh darauf getrimmt werden, besser zu sein als die anderen, um einen der begehrten Plätze an den besten Gymnasien zu erhalten.[464] Schon in Grundschulklassen ist oftmals mehr Konkurrenz und Neid als Kooperation und gegenseitiges Wohlwollen.

Wie lässt sich Schulverbundenheit vertiefen? Effizient ist gemeinsames Frühstücken. Kanadische Schüler*innen, regelmäßig nebeneinander die Croissants verzehrend, fühlen sich mit ihrer Schule enger verbunden und sind erfolgreicher als jene, die das nicht erleben.[465] Förderlich sind gemeinsame Unternehmungen, Wandertage, Sportwochen, sei es auf den Skiern, auf dem Fahrrad um den Gardasee, die in Österreich übliche Wienwoche im letzten Schuljahr, für viele verbunden mit dem ersten Rausch. Entscheidend ist, wie Lehrer*innen ihren Schüler*innen begegnen und ob sie ihnen in die Augen schauen, bestenfalls warmherzig. Vor Jahren erlebte ich einen Lehramtskandidaten, der in seiner Probelektion den Kindern nicht in die Augen zu schauen vermochte, worauf diese alsbald taten, was sie wollten – er war zum Schuldienst nicht zuzulassen. „Oculus animi index", sagten schon die Römer: Die Augen sind die Fenster zu den Seelen. Werden Kinder gefragt, wo die Seele sei, antworten die meisten: „In oder hinter den Augen."[466] Verbundenheit entsteht auch dann, wenn Schüler*innen wertgeschätzt werden, gelobt, respektiert. Wenig ist vergiftender als abschätziger Zynismus.

Wichtig ist Verbundenheit an den Just-Community-Schulen in der Tradition von Lawrence Kohlberg.[467] Dieser war inspiriert vom amerikanischen Pragmatiker John Dewey, der sich für mehr Demokratie auch an Schulen einsetzte. Diese erlerne sich am besten, indem Schüler*innen positiv zugemutet wird, demokratisch zu handeln: Learning by doing. Wenn

---

464 Osterman, K.F. (2000): Students' need for belonging in the school community. In: Review of Educational Research 70, 323–367.

465 Sampasa-Kanyinga, H. & Hamilton, H.A. (2017): Eating breakfest regularly is related to higher school connectedness and academic performance in Canadian middle- and high-school students. In: Public Health 145, 120–123.

466 Starman, C. & Bloom, P. (2012): Windows to the soul: Children and adults see the eyes as the location of the self self. In: Cognition 123, 313–318.

467 Überblick: Weyers, S. (2018): Just-Community-Schulen und Werteerziehung. In: H. Barz (Hg.): Handbuch Bildungsreform und Religionspädagogik, Wiesbaden: Springer, 527–534.

Schüler*innen darüber diskutieren können, welche Regeln in der Schule einzuhalten sind, und wenn sie gleichberechtigt mit den Lehrer*innen abstimmen dürfen, werden solche Normen eher eingehalten als dann, wenn sie aufgezwungen werden. Auch entsteht leichter ein Gefühl des Wir. Junge Menschen, die solche Verbundenheit erfahren durften, werden als Erwachsene wahrscheinlicher ihr Leben und Zusammenleben entsprechend gestalten.

5.4 In der Jugend

„Jugendlicher Überschwang und gedrückte Stimmung wechseln, plötzliches Aufbegehren gegen Erwachsene wird von plötzlichem Anlehnungsbedürfnis abgelöst", so charakterisiert ein Gymnasiallehrplan aus Baden-Württemberg die Lebensphase Jugend,[468] über die es negative Vorurteile gibt, soweit schriftliche Quellen zurückreichen. Gewiss, in nur wenigen Jahren erfolgen tiefgreifende Veränderungen: Puberaler Wachstumsschub, die Arme und Beine zuerst, was zu schlaksig anmutenden Bewegungen führt, das Wachsen der Brüste und die Menarche, erste Barthaare und Stimmbruch, Akne und bei den Mädchen mehr Fett über den Hüften, hormonelle Schwankungen und häufigere Konflikte und Machtkämpfe mit den Eltern. Über Generationen hinweg vertrat die Entwicklungspsychologie eine „Katastrophentheorie der Adoleszenz", die eine „Sturm- und Drangphase" sei, voll von Turbulenzen, Krisen, Gefährdungen.[469]

Es gehört zu den gesicherten Erkenntnissen der Glücksforschung, dass die Adoleszenz die am wenigsten glückliche Lebensphase ist, bedingt durch Selbstzweifel etwa wegen des körperlichen Outfits, Veränderungen, am eigenen Körper wie in den Lebensumständen (Lehre), weniger körperliche Bewegung, Liebeskummer etc.[470] Einsamkeit ist in diesem Lebensabschnitt, der auch an erste Liebe, Partys, mehr Freiräume asso-

---

468 Zit. aus: Fend, H. (2000): Entwicklungspsychologie des Jugendalters, Opladen: Leske & Budrich, 29.

469 Dazu Ewert, O. (1983): Entwicklungspsychologie des Jugendalters, Stuttgart: Kohlhammer, 26–42.

470 Bucher (Anm. 123), 90 f.

ziiert, sogar häufiger als im Pensionistenalter.[471] Dennoch bewältigen die meisten Heranwachsenden die Entwicklungsaufgaben dieser Lebensphase nicht nur zufriedenstellend, sondern bravourös. Zu diesen zählt die Individuation, die Selbständigkeit und emotionale Unabhängigkeit von den Eltern, worin auf den ersten Blick eine Schwächung der familiären Verbundenheit gesehen werden könnte. Aber wie die Längsschnittstudie von Becker-Stoll in Regensburger Familien belegt, gelingt es den meisten Jugendlichen, eine Balance zwischen mehr Autonomie und gleichbleibender Verbundenheit zu finden, dies umso leichter, wenn die Eltern es zulassen, dass aus einer unsymmetrischen Interaktion eine symmetrische wird, auf gleicher Augenhöhe, von Frau zu Frau, von Mann zu Mann.[472]

Familiäre Verbundenheit bleibt, anders als vom traditionellen Konzept der Generationenkonflikte suggeriert, die im Umfeld von 1968 häufiger und heftiger waren, auch in der Adoleszenz bedeutsam und nützlich. Jugendliche (N = 239), die sich mit ihren Eltern eng verbunden fühlten, waren sozial geschickter, seltener in Gewalttätigkeiten verwickelt, in der Schule erfolgreicher.[473] Verbundenheit vertieft sich weniger dann, wenn Eltern eine Laissez-faire Erziehung praktizieren und die Heranwachsenden früh sich selbst überlassen – Jugendliche, von Allan Guggenbühl therapeutisch betreut, empfanden dies so: „Meine Alten haben sich einen Scheiß für mich interessiert“[474] –, sondern vielmehr dann, wenn sich Eltern mit ihren pubertierenden Kindern auseinandersetzen, ihnen, wenn erforderlich, Grenzen setzen, sie zu verstehen versuchen.

Auch in dieser Lebensphase kann Naturverbundenheit gestärkt werden. Vielen Heranwachsenden bleibt es unvergesslich, wenn sie mit Freund*innen draußen im Zelt übernachten, am Lagerfeuer sitzen, in den bestirnten Himmel aufschauen und dabei über Gott und die Welt

471 Bayat, N. et al (2021): Contextual correlates of loneliness in adolescents. In: Children and Youth Services Review 127, 106083.

472 Becker-Stoll, F. u.a. (2000): Autonomie und Verbundenheit bei Jugendlichen und jungen Erwachsenen. In: Zeitschrift für Soziologie der Erziehung und Sozialisation 20, 345–361.

473 Sieving, R.E. (2017): Youth-adult connectedness: A key protective factor for adolescent health. In: American Journal of Preventive Medicine 52, S275-S278.

474 Guggenbühl, A. (2004): Pubertät: echt ätzend. Gelassen durch die schwierigen Jahre, Freiburg i.Br.: Herder.

philosophieren. Oder wenn sie Klettern üben, sich über Felsvorsprünge hochziehen und die Energie der Gesteine spüren. Oder wenn sie einen ganzen See durchschwimmen, das Tauchen lernen. Gerade in der Corona-Zeit ist Natur für Jugendliche wichtiger geworden – so eine Studie des Deutschen Bundesamtes für Naturschutz.[475] 52 Prozent der Befragten gaben an, sie hätten sich während des Lockdowns häufiger draußen aufgehalten als zuvor, um sich vom Bildschirmstreß des e-learning zu erholen, sich abzulenken, zu bewegen. Und ebenso viele beteuerten, die Natur sei ihnen während der Pandemie noch wichtiger geworden, ebenso ihr Engagement, sie zu schützen. Immerhin ein Drittel sieht einen ursächlichen Zusammenhang zwischen den der Natur zugefügten Wunden und den Coronaviren. Verständlich, dass wieder viele Junge zu den Fridays for future-Veranstaltungen gehen, an denen mehr als 30 Prozent schon einmal teilgenommen haben. „In der Jugend von heute steckt ein großes Potenzial", so die Präsidentin des Bundesamtes für Naturschutz, Beate Jessel.[476]

Zusehends wichtiger wird in diesem Alter die Verbundenheit mit den peers. Jugendliche sollten reichlich Möglichkeiten haben, sich zu treffen, sei es auf dem Beachvolleyplatz, im Club, am Donauufer in der untergehenden Sonne, eine Flasche Wein in der Hand. Während den Lockdowns litt mehr als die Hälfte der Jugendlichen bitter darunter, keine Orte des Abhängens und Chillens mehr aufsuchen zu können.[477] Diese fühlten sich einsamer, niedergeschlagener und hatten stärkere Zukunftsängste als jene, die solche Nischen nicht vermissten. Starke Zugehörigkeitsgefühle können auch entstehen, wenn Jugendliche Vereinen beitreten und sich in diesen engagieren, so bei der Jugendfeuerwehr das erste Mal mit dem Schlauch spritzen; in der Wasserrettung einen Ertrinkenden aus dem See ziehen; beim Roten Kreuz mitfahren, wenn eine Hochschwangere so schnell wie möglich zur Entbindungsstation gefahren werden muss; im Fußballverein anzielen, in die nächste Liga aufzusteigen. Bedauerli-

475 https://rp-online.de/panorama/deutschland/jugendliche-laut-umfrage-in-der-corona-krise-haeufiger-in-der-natur_aid-57585049

476 Ebd.

477 Andresen, S. u. a. (2021): Das Leben von jungen Menschen in der Corona-Pandemie. Erfahrungen, Sorgen, Bedarfe, Gütersloh: Bertelsmann-Stiftung.

cherweise hat die Corona-Krise, in der die Sportplätze und Vereinsräume geschlossen werden mussten, dazu geführt, dass viele Heranwachsende ihren früheren Vereinen den Rücken kehrten.

Und auch in der Jugend, der oft stereotyp nachgesagt wurde und wird, sie sei ungläubig und spirituell desinteressiert, ist die Verbundenheit mit etwas Transzendentem zu pflegen und kann sie existenziell hilfreich sein. Gerade in dieser Lebensphase, die entgegen dem Klischee der goldenen Jugend der am wenigsten glückliche Lebensabschnitt ist,[478] denken Heranwachsende besonders häufig an die Vergänglichkeit und an den Tod und haben viele von ihnen Krisen zu bewältigen. Auch die siebzehnjährige Cheryl geriet in eine schwere Lebenskrise, als ihr Vater ins Gefängnis kam und ihre beste Freundin starb: „Aber ich fühlte mich Gott in den letzten anderthalb Jahren besonders nahe."[479] In vielen christlichen Jugendgruppen können Heranwachsende tiefe Verbundenheit erleben, wenn sie gemeinsam zu Gitarrenklängen Gott loben.

---

478 Bucher (Anm. 123), 90 f.

479 Davis, P.H. (2001): Beyond nice. The spiritual wisdom of adolescent girls, Minneapolis: Augsburg Fortress, 34.

Ausblick

Das Weltbild der wenigen indigenen Kulturen, die noch nicht von der westlichen Zivilisation aufgesogen wurden, ist durch ein hohes Maß an Verbundenheit ausgezeichnet. Rita, eine Eingeborene aus Alaska:

> *„Wenn wir uns selber heilen, dann heilen wir auch unsere Ahnen, Verwandten, die Kinder, die kommenden Generationen und die Mutter Erde. Es ist eine Erinnerung daran, dass wir alle miteinander verbunden sind.“*[480]

Auch unsere Vorfahren, die Jäger und Sammler, deren Lebensform 99 Prozent der Menschheitsgeschichte ausmacht, fühlten sich mit der Natur tiefer verbunden, obschon sie oft unter ihren Unbilden litten, unter sengender Hitze und klirrender Kälte. Sie verehrten Mutter- und Fruchtbarkeitsgöttinen, so die Venus von Willendorf, 27‘000 Jahre alt und mit stark ausgeprägten Brüsten und Geschlechtsteilen.[481] Auch die Griechen kannten die Erdgöttin Gaia, ohne Befruchtung aus dem Chaos hervorgegangen, die die Mutter des Uranos (Himmel) wurde, des Ourea (Gebirge) und des Pontos (Meer). Die Verfasser des Rigveda im alten Indien glaubten an die Prithivi, die Mutter aller Wesen, deren Symboltier die heilige Kuh ist. Die Konkomba in Westafrika huldigten der Kiting, der Mutter von allem und allen, lebensspendende Kraft, mit der die Menschen verbunden sind.[482]

Im Zivilisationsprozess vollzog sich eine fortschreitende Separation zwischen Natur und Mensch. Einen Kulminationspunkt erreichte diese, als René Descartes zwischen der unteilbaren res cogitans und der res extensa unterschied, die unbelebt sei, auch wenn es sich dabei um Tiere handelt, die ohnehin nur Maschinen seien. In der Moderne häufiger wurde auch

---

480 Ullrich, J.S. (2019): For the love of our children: an Indigenous connectedness framework. In: AlterNative 15, 121–130, hier 121.

481 Ehmer, K.M. (1994): Göttin Erde. Kult und Mythos der Mutter Erde, Berlin: Zerling.

482 Porsche-Ludwig, M. (2015): Religion in Togo: https://web.archive.org/web/20151208140442/ http://bautz.de/joomla/index.php?option=com_content&view=article&id=271:religion-in-togo&catid=84:afrika (20.8.2021)

die Vereinzelung in der Lebensweise. Nicht mehr die Großfamilie, in der alle kooperieren mussten, um die Speicher mit Kartoffeln zu füllen und die Scheunen mit Heu. Viele leben als Single, sprechen über Tage, mitunter Wochen kaum ein Wort, allenfalls „Danke" an der Supermarktskasse, sitzen allein vor dem Computer. Während der Pandemie hat Einsamkeit noch einmal zugelegt, begleitet von depressiven Verstimmungen bis hin zu suizidalen Gedanken.[483] Hätten unsere Vorfahren so solitär gelebt, wären sie unweigerlich zugrunde gegangen.

Mehr Verbundenheit, nach allen Seiten hin, ist ein vordringliches Desiderat, weil sie sich auf uns Menschen heilsam auswirkt. Sie geht einher mit besserem Wohlbefinden, mehr Vitalität, mehr Lebensfreude, einem leistungsfähigeren Immunsystem, einem tragfähigeren Sinn, mehr sozialen Kontakten und einer tieferen Geborgenheit in diesem Universum.

Besonders vordringlich ist mehr Verbundenheit mit der Natur, die für unsere Vorfahren lebendig, ja göttlich war. Daraus wurde ein blinder, mechanischer Prozess, eine Maschine, mit der sich keine Beziehung aufbauen lässt, und der gegenüber kaum Dankbarkeit empfunden werden kann, eine tiefst menschliche Haltung, die nachhaltig beglückt.[484] Rupert Sheldrake, in seinem wunderbaren Buch „Die Wiedergeburt der Natur", wünscht sich einen neuen Animismus:[485] Die gesamte Erde wieder ein lebendiges Wesen, und nicht nur bloße Materie, eine Gaia. Diese erfüllte den russischen Kosmonauten Aleksandrow, als er aus seinem Raumschiff gleichzeitig über den USA und Russland den ersten Schnee liegen sah, mit tiefer Ehrfurcht:

> *„Mir wurde bewusst, dass wir alle Kinder unserer Erde sind. Es spielt keine Rolle, welches Land man sieht. … Die Erde ist unsere Mutter."*[486]

Zu pflegen und zu stärken ist auch die soziale Verbundenheit. Gerade die Lockdowns in den Jahren 2020 und 2021 haben schmerzhaft gezeigt, wie wichtig es ist, sich an einem Stammtisch treffen und austauschen zu

---

483 Killgore, W.D. (2020): Loneliness during the first half-year of COVID-19 lockdowns. In: Psychiatry Research 294, 1–2/113551

484 Bucher (Anm. 123), 198 f.

485 Sheldrake (Anm. 77), 173–257.

486 Kelley, K. (1989) (Hg.): Der Heimatplanet, Frankfurt/M.: Zweitausendeins, 110.

können; oder gemeinsam zu applaudieren, wenn im Konzertsaal die letzten Klänge von Beethovens Neunter verhallen; oder im Ballsaal Tango zu tanzen. Wir Menschen sind und bleiben soziale Wesen. Zugehörigkeit und Verbundenheit sind und bleiben tiefste menschliche Bedürfnisse. Entgegenzuwirken ist einem zu überzogenen Individualismus, mehr noch der zunehmenden Selbstverliebtheit, dem Narzissmus. Der sozialen Verbundenheit besonders förderlich sind auch Tugenden, derer sich die Positive Psychologie angenommen hat,[487] allen voran die Dankbarkeit, die nicht nur soziale Bande stärkt, sondern auch nachweislich und anhaltend glücklicher macht.[488] Sodann die Bereitschaft, einander vergeben zu können, weil es im menschlichen Zusammenleben unweigerlich auch zu Konflikten, Fehlern und Kränkungen kommt und Vergebung oftmals der einzige Weg ist, soziale Beziehungen zu retten.[489]

Nicht zuletzt ist auch die Verbundenheit mit etwas Transzendentem zu stärken. Es gehört zur unentrinnbaren „condition humaine", dass sich irdische Verbundenheit auflöst. Niemand kann die Zeit aufhalten. Die Eltern kommen ins Alter und sterben, Kinder ziehen aus dem Haus, Beziehungen zerbrechen, Lebenspartner*innen gehen im Tod voraus, Vereine lösen sich auf, Freundschaften schlafen ein. Selbst die Verbundenheit mit der Natur kann nicht ewig sein. Nicht nur, dass aufgrund der Klimaerwärmung für die nächsten Jahrzehnte dramatische Zerstörungen zu befürchten sind – Anwachsen von Wüsten, Verlust der Artenvielfalt –, spätestens in fünf bis sieben Milliarden Jahren wird die Sonne, wenn ihr Wasserstoffvorrat erschöpft ist, sich ausdehnen und die Planeten Merkur, Venus und unsere Erde auslöschen.

Zumindest potentiell am beständigsten ist die Verbundenheit mit etwas Transzendentem, Göttlichem, Bleibendem. Gewiss, auch der Glaube an ein solches kann verloren gehen. Aber einigen Menschen ist es gegeben, oft nach einem langen, meditativen Weg, mystische Erfahrungen der

487 Peterson, C. & Seligman, M. (2004): Character strengths and virtues. A handbook and classification, Oxford: Oxford University Press.

488 Watkins, P.C. (2016): Gratitude and the good life. Toward a psychology of appreciation, New York: Springer.

489 McCullough, M. et al (Eds.) (2000): Forgiveness. Theory, research, and practice, New York & London: Guilford Press.

tiefsten Verbundenheit mit Gott zu machen. Meister Eckehart: „Nun seht, dieser Mensch wohnt in *einem* Lichte mit Gott; darum ist in ihm weder Leiden noch Zeitfolge, sondern eine gleichbleibende Ewigkeit.“[490]

Manchmal fühlen wir uns abgetrennt.
Einsam unterm schweigend Firmament
Viel Bedrohung ausgesetzt
Und im Innersten verletzt.

Dich wie anders: Tief verbunden sein
Was mein ist, ist auch dein
Ein Bruder ist ein jeder Baum
Tief geborgen in dem Weltenraum

Ja alles ist zutiefst verbunden
Ein Nehmen und noch viel mehr Geben
Dies spüren lässt uns ganz gesunden
In diesem uns geschenkten Leben

490 Meister Eckehart (1979), 162.